Política teatral pa países fósiles

Exerciciu sobre política cultural y teatral p'Asturies, propuestes y opinión.
(Edición actualizada)

Antón Caamaño

A Cristina

Gracies a
L'Arribada, pol so enfotu.
A Rafa R. Valdés
A la Unión d'Actores d'Asturies.

A Boni Ortiz, Lluis Antón González, Roberto Corte,

y con especial enfotu a Ignaciu Llope y David M. Rivas.

© Antón Caamaño
ISBN: 978-1-4709-9834-9

Antón Caamaño Vega *naz en Xixón, fai agora cuarenta y cinco años. Ye actor, direutor de teatru, llocutor y cantante. Cursó estudios nel I.T.A.E., y tien actuao dende 1991 con delles compañíes del Principáu (Teatru del Norte, Margen, Casona, Quiquilimón, Oris-Barataria...) y con Producciones Nun Tris, s.l., compañía profesional que funda con Inma Rodríguez nel 1997, y na que, amás d'actuar, lleva la xestión y espardimientu de los espectáculos. Pue falase de que tien cerque milenta funciones representaes.*

Fai dellos cursos de reciclaxe, actoral y de xestión.

Foi miembru fundador y Secretariu Xeneral del sindicatu Unión d'Actores d'Asturies dende 1992 a 2003.

Tamién trabaya en delles ocasiones como actor de doblaxe, llocutor y presentador; como cantante tuvo dientro la plantiya del Coru de l'Asociación d'Amigos de la Ópera d'Uviéu, de calter semiprofesional, cola qu'agora collabora puntualmente.

Tres finar la carrera universitaria de Direición d'Escena na E.S.A.D. de Xixón, fai'l Máster n'Historia y Análisis Sociocultural na Universidá d'Uviéu, lleendo la tesina sobre Formes Etnodramátiques n'Asturies; agora entama preparar el so Doctoráu n'Artes Escéniques.

ÍNDIZ

Prólogu d'Ignaciu Llope

UN ENTAMU QUE YE PRÓLOGU

Axeitadamente o non, la verdá ye qu'hai un tresmontoriu de llugares comunes –alcuando directamente tópicos– que cinquen a la realidá asturiana de los últimos trenta años, esos que van de la Santa Transición a la crisis del capitalismu global qu'anguaño unos –pocos, perpocos– disfruten y la mayoría cadecemos. Son cuasi esconxuros qu'aiden a calistrar nes engurries d'una sociedá pordemás complexa y complexizada como l'asturiana, y, otramiente, tienen la virtú d'ufrir unes llínies de trazu gordu y, poro, cencielles d'atalantar. Una d'ente elles ye la crisis: porque pa los asturianos y asturianes la presente crisis yenos familiar; inda más, hai xeneraciones de naturales del país que nun sientienon otra cosa dende la so más tienra infancia: crisis industrial, del campu, de la piesca, de la minería, económica, estructural,... A la fin, la constatación cruel de les dificultaes qu'una sociedá como l'asturiana tien y tuvo d'articulase neso que se dió en llamar modernidá, nesa auténtica transición que n'occidente entamó tres la II Guerra Mundial y que tien n'actual mutación sistémica –dellos atesteronen en llamala crisis– el so epílogu. Entós, si dalguna sociedá ye esperta en crisis, esa ye l'asturiana, pues vien ser dalgo asina como'l so estáu natural. Pero, ironíes aparte, la concurrencia de factores y sectores en quiebra nun espaciu curtiu de tiempu desplica'l fracasu d'Asturies como comunidá. Y el menor d'ente ellos nun ye precisamente la quiebra cultural, l'ausencia de tiez nos discursos qu'articulen comunitariamente los proyectos de futuru y los prexuicios que torguen ya intercepten el procesu de toma de decisiones d'unes élites económiques, polítiques y culturales d'una estupidez apavoriente. Y ye precisamente nesta quiebra na que'l testu de Toño Camaaño alquier una relevancia esencial. Y, avanzando notes, porque nun ye un testu que fale de teatru, o meyor dicho, que fale solo de teatru. Y esa ye la virtú de los bonos ensayos, que dende la preocupación de lo singular o particular son quien a dar cuenta de procesos globales y xenerales. Porque *Política teatral pa países fósiles Exerciciu sobre política cultural y teatral* p'Asturies, propuestes y opinión ye un ensayu dende'l que s'entiende dafechamente'l devenir de la cultura y polítiques culturales na Asturies de los últimos tiempos. Y too ello bien contestualizáu hestórica y socialmente, atendiendo a les dinámiques que dienon llugar a esti caos sosprendente que ye la creación artística asturiana. Unes polítiques culturales nel meyor de los casos errátiques y nel peor enllenes d'apriorismos y prexuicios, nes que lo identitariu conviértese nuna mala velea a estrincar y lo asturianu en sinónimu de zafiu y malo. Ensín dar cuenta del procesu cognitivu nel que medren esos mitos nos xestores culturales asturianos ye imposible entender casos tan singulares como Laboral o Niemeyer, pero tamién ye imposible hasta enterase de les programaciones del Día d'Asturies. Una obsesión acomplexada polo de cualquier requexu del anchu mundu –mentantu nun biltare de Payares pal Norte– y la incorporación d'un discursu del cosmopolitismu nel que lo ridículu vei de la man del maraflundiu de presupuestos públicos: ahí ta la rebolada de Brad Pitt per Avilés. A la fin, son discursos y conductes que transitanon esa caleya que lleva de lo cosmopolita a lo cosmopaleto. Pero si dalgo dexa claro y argumentáu el testu de Caamaño ye la potencialidá de los recursos autóctonos como xeneradores d'industria cultural y, poro, d'empléu y actividá económica, exemplificáu contundentemente nel fechu teatral. Y amás, a unos costos más qu'asumibles poles alminsitraciones públiques. Porque l'autor nun se queda na teorización –que tamién, y bien entetexida–, sinon qu'apurre hasta un acabáu Anteproyectu pa dar cuerpu llegal a un Institutu d'industries culturales asturianes que les estremacs alminsitraciones nun vienon la necesidá d'organizar. Y teniendo en cuenta la desidia de les mesmes, Toño facilíta-yos xenerosamente'l trabayu ufriendo un borrador yá peracabáu.

Testos como ésti de Toño Caamaño fálennos a les clares de qu'hai vida intelixente n'Asturies más allá de la incompetencia y el clientelismu estructural que fexenon de les alministraciones públiques un problema en llugar d'una solución cola qu'encariar les incertidumes que los escuros tiempos que cuerren anuncien nel horizón.

Ignaciu Llope
Cangas del Narcea, agostu 2011

Antoxana

La idea de facer esti pequeñu estudiu xurde d'un proyeutu que falé con Boni Ortiz, nel so día, sobre la conveniencia d'iguar un preséu al serviciu del Teatru Asturianu una vez desapaecíu l'Institutu del Teatru y de les Artes Escéniques. Yo quedé en facer un estudiu del asuntu; daquella taba faciendo en Madrid un cursu de xestión, producción y espardimientu d'espectáculos, y paecióme que sedría bona idea plantegalo pal trabayu de fin de cursu. En faciendo l'anteproyeutu, quixi da-y un poco forma "homologada", tamién animáu poles clases del Dr. J. Arturo Rubio Aróstegui dientro'l cursu enantes citáu.

El llibru que tenéis nes vueses manes ye una versión actualizada de la primera, asoleyada en 2007, y que s'espardió cola Revista de Teatru asturiana La Ratonera (la verdá qu'al volver a escribir p'actualizalo, nun fizo falta camudar gran cosa, ta too paecío...). Esti pequeñu trabayu nun quier ser un estudiu científicu al usu; nun ta firmáu por dengún espertu, nin sociólogu, nin economista nin nada; ye la visión que pue tener un actor, que nin siquier ye actor tituláu, porque nun tien nin los sos estudios convalidaos, y que'l so únicu méritu ye exercer la so profesión, o meyor, la so manera de vivir n'Asturies dende fai casi venticinco años. Ta escrito dende esa perspeutiva, la de la propia esperiencia.

Quedaríenme, de xuru, munches coses nel tinteru, y otres pueden nun tar trataes quiciabes con tol rigor; nun soi de denguna consultora cultural, de momentu, anque igual sedría bona idea plantegáselo. Lo que sí, permítome l'aquello d'escribir un poco a la "unamuniana": col corazón más que coles manes, a la gueta polemizar nun sen constructivu.

Anque la materia central del analís ye'l Teatru Asturianu, hai munches menciones a la llingua asturiana; pienso que la del teatru y la de la llingua son histories mui paraleles y rellacionaes; y podríemos falar de munches estayes culturales más, pero falando de política cultural asturiana en xeneral ye claro qu'hai que referise al mayor patrimoniu cultural de los asturianos.

Prestaríame, claro, seique ye muncho pidir, qu'esti ensayucu o pequeñu averamientu al nuesu mundu teatral valiera pa meyorar daqué cosa no político o social o cultural; pero sobre too pa que vos preste a vosotros. Nesi sen inxerto opiniones y enfótome n'emplegar un llinguaxe estremau de lo que s'emplega davezu n'estudios d'esti tipu. Y pidir de mano disculpes a quien se pudiere sentir ofendíu poles opiniones amosaes; nun ye la mio intención ofender a naide, que nun ta'l fornu pa bollos.

1) De qué falamos

> *"Tol teatru ye un actu políticu. Toles actividades del ser humanu lo son, y el Teatru ye una d'elles. El Teatru ye un arma"*. *(Augusto Boal)*

De cultura, y de teatru; y fadráse un analís, de les cadarmes que xenera'l mundu de la cultura en macro y micro; de dalgunes de les políitiques y programes que xenera, específicamente n'Asturies, en comparanza con otres que se desendolquen n'otres ciudaes, comunidaes o países del mundu, col envís d'aportar daqué cosa, anque seya poca y humilde, a la meyora de la calidá de vida de les y los trabayadores del seutor, y de les ciudadanes y ciudadanos de la comunidá. Pa ello, la metodoloxía que s'emplegará ye cenciella. Tien que ver munchu col arte contemporáneo, si quiés; ye una especie de deconstrucción... Una mui pequeña esposición teórica p'asitianos; un analís de les cadarmes y categoríes que xenera la cultura y el teatru, dende les ferramientes que mos apurre l'analís de política cultural, diendo de lo macro a lo micro; un analís de los estremaos estamentos que componen la vida teatral llariega y les sos rellaciones intersticiales; una analís críticu a la filosofía de la política cultural qu'hebio n'Asturies fasta'l momentu, y pa finar una reconstrucción: una pequeña amuesa de delles propuestes pa meyoralo.

⅄   Otros analises previos.

Aparte de les voces consultaes delles vegaes polos diarios de la Comunidá, o tamién pola revista "La ratonera", y de dalgún artículu de collaboración nes revistes de referencia del gremiu a nivel estatal, (la de l'Asociación de Direutores d'España o "Primer acto") hai pocos documentos que tengan analizao'l Teatru n'Asturies.

L'Asociación de Compañíes Profesionales realizó un pequeñu informe entituláu *Informe de la problemática teatral asturiana*. Nel criticaben la falta d'enfotu del'alministración p'alitar l'actividá profesional ya iguar preseos pal so espoxigue. Como más llueu se verá, yá criticaben d'aquella el fechu de que la política de l'alministración nun camudó acordies cola evolución al profesionalismu de les compañíes. Tamos falando d'un informe datáu en 1990, que foi acompañáu d'una carta pública que tuvo d'aquella muncha sonadía *(20 preguntas de la Asociación de Compañías Profesionales de Teatro de Asturias al Consejero de Cultura)* [1]

Al pocu xurdir el sindicatu Unión d'Actores d'Asturies, en 1992, ellaboróse l'*Informe sobre la realidá teatral asturiana* [2]. Nél analizábense tolos elementos qued'aquella encadarmaben el teatru na comunidá; p'asitianos, yera'l momentu en que xurdía l'actividá teatral profesional —salíen les primeres promociones de titulaos de la escuela d'arte dramático, creábase'l sindicatu y taba acabante crear l'Institutu del Teatru (I.T.A.E.). Nél facíase un estudiu de la cadarma llegal que sofitaba'l Teatru nel momentu; asina como de les ayudes y funcionamientu de les compañíes, naquel momentu toes, o quiciabes menos una, de calter amateur. Criticábase tamién la xestión que se realizaba dende l'I.T.A.E.

En resume, estos documentos amuesen mui bien esi periodu de cierta institucionalización del teatru, el xurdimientu de la profesionalidá; y vénse esbillaos yá dellos problemes colos qu'arrecostinamos dende aquella.

---

1   Dambos documentos tan disponibles na sede de la Unión d'Actores d'Asturies.

2   L'informe ta disponible na sede de la Unión d'Actores d'Asturies.

Otru analís foi'l qu'encargó la Conseyera Mercedes Álvarez, munchu más tarde, que s'entituló *Llibru Blancu de les Industries Culturales d'Asturies*[3]. Yera'l so modelu cultural, lo que siñalaría'l camín a siguir pola Conseyería, anque salió-yos un poco rana. Foi presentáu a bombu y platillu'l 23/4/09, y con polémica por plaxu incluyía. Foi dirixía la so ellaboración por Xabier Marcé, que yera presidente del Institutu d'Industries Culturales de Catalunya, del que se falará más alantre; magar que'l nivel que tien el trabayu nun me paez dignu de quien lu robla. Fai un analís del sector teatral un poco superficial ya un poco probe pal mio gustu; llanta un criteriu pal analís, que ye'l llamáu Valor Añadíu Cultural[4], pa clasificar les industries culturales asturianes y vien a amosar que la mayoría tan empobinaes al mercáu llocal, que nun tienen malapenes capacidá d'anovación y que nun tienen influencia perdayures. Per otru llau, diz que les industries tienen mui pocu sofitu institucional pa poder espoxigar, y que yera conveniente atender al fechu diferencial asturianu.

El restu de conclusiones, que tienen que ver col conceutu de clúster y asemeyaos, son poco afayadizos pal teatru asturianu, pal que, por cierto, nun ufre denguna igua; sí lo fai pa otros seutores culturales (por exemplu, el seutor de programadores de xuegos informáticos, que l'equipu de Marcé considera industria cultural. (Quiciabes por eso importóse'l certame "Gamelab" direutamente a La Llaboral dende Barna).

Valió facer el famosu Llibru Blancu 67.000 €. Pa esi viaxe nun necesitábemos eses alforxes[5]. Per otru llau, Boni Ortiz,

---

3   INSTITUTO CIES/BISSAP. (2009). *Libro Blanco de las Industrias Culturales del Principado de Asturias*. Dir.: Xabier Marcé. Consejería de Cultura del Principado de Asturias. Pue atopase en http://www.asturias.es/Asturias/descargas/

4   Entiéndese por V.A.C. "aquella acumulación de contenidos, efectivamente producidos, que genera una progresiva concentración de productos de referencia y excelencia". INSTITUO CIES/BISSAP (2009: 12)

5   Pa más información consultar l'artículu de GARCÍA, BLANCA M. (24/4/2009). *El Principado"suspende" en innovación cultural*. Diario La Voz de Asturias. Sec. Cultura/Espectáculos.

incombustible home de teatru que ye referencia fundamental pa la profesión, vien asoleyando anualmente l'Anuariu de Teatru d'Asturies, que, magar que dexa entever les sos opiniones dacuando, tien calter de documentu de rexistru, de censu, de l'actividá teatral en toes les sos formes; vien a cubrir, dende la iniciativa y l'enfotu personal esa necesidá del llabor archivísticu que l'alministración nun contempla[6].

⅄ El teatru como fuente de poder

Augusto Boal foi dramaturgu, direutor y pedagogu brasileñu, que desendolca un trabayu d'anovación del arte escénico, n'especial empobináu a los grupos sociales más desfavorecíos. La base de la so teoría dramática ye camudar al espeutador n'axente activu de la representación, esbrexando escontra lo que'l noma Estética del poder. Ye autor d'un célebre ensayu[7] onde analiza los preceutos de la *Poética* d'Aristóteles, y vien a amosar el so poder coercitivu; dende la dramaturxa de la traxedia en sí, al traviés de xuegos d'identificación del personaxe col públicu, cúrase a dambos del so erru, de la so "hamartía", de la so conducta antisocial, en definitiva. Namái que'l personaxe tien una fin tráxica y el públicu non. Les traxedies son obres exemplarizantes, mensaxes coercitivos. Per otru llau, pa Boal, Aristóteles pertenez a una élite social, y les autoridaes griegues, al convocar concursos a la meyor traxedia, nunca nun van almitir asuntos que seyan contrarios a los sos porgüeyos.

Uviéu. Pue atopase l'artículu en http://archivo.lavozdeasturias.es/html/488891.html. Páxina consultada'l 4/8/11.

6   ORTIZ, BONI (2011) *Anuario de teatro de Asturias*. Xixón: Más teatro.

7   BOAL, A. (2009). *Teatro del oprimido*. Barcelona: Alba editorial, Artes escénicas. Pg. 113.

Dando un saltu, el sociólogu Michael Mann[8], cuando nos fala nel prólogu del so llibru de Les cuatro fuentes y organizaciones del poder, dientro lo que'l noma Poder Ideolóxicu, fala del poder de les práutiques estétiques y rituales: ye'l poder distintivu de les artes, que si se camudare en monopoliu, pue xenerar, según el so algame, poder intensivu (munchu poder nun núcleu pequeñu) y/o estensivu (menos poder nun ámbitu mayor).

El poder ideolóxicu ye una forma d'organización social que persigue una bayura d'oxetivos seculares y materiales (por exemplu la llexitimación de ciertes formes d'autoridá), amás de los consideraos convencionalmente relixosos ya ideales. Amuésase como forma "sagrada", trescendente, separtada de les rellaciones laiques de poder. Tamién como forma de moral inmanente, que fai amestar un grupu, que fomenta l'enfotu ente los miembros d'un grupu social yá establecíu, (nación, clas...). Polo tanto, pue falase del Teatru, como fuente de poder; dende la forma artística, el so discursu y la so función social. Esti caberu aspeutu ye'l que va tratase equí.

⅄ La Cultura

"Equí cultura, nada. Equí agricultura."

(Dalguién del públicu nun conciertu del grupu pop de muyeres "Nosoträsh" nuna discoteca de Colunga, añu 1997)

Vien del llatín cultüra, y nel diccionariu de la R.A.E. tien delles aceiciones: Cultivu; cultu; resultáu o efeutu de cultivar los conocimientos humanos y d'afinase pente medies del exerciciu les facultaes intelectuales del home.

---

8   MANN, M. (1986). *The Sources of Social Power, Volume I: A History of Power from the Beginning to 1760 A.D.* New York: Cambridge University Press. (Ed. Castellana: Alianza Editorial, 1991). Prólogu.

Les dos primeres definiciones remiten a la sabiduría popular y la sobreviviencia, y la segunda al afondamientu y conocencia, anque de calter relixosu; pémeque la tercer definición xunce les dos anteriores y ye la más completa y la que más nos interesa; entender la cultura como un valor educacional valible pal espoxigue y meyoramientu de vida de les persones.

La definición del Diccionariu de l'Academia de la Llingua Asturiana préstame más. Entiéndese por cultura'l conxuntu de conocencies, de tradiciones qu'un pueblu, qu'una persona tien sobre materies del saber humanu; la materia o actividá que ta acordies col progresu algamáu pola sociedá: o'l conxuntu d'actuaciones d'una comunidá, d'un pueblu a lo llargo'l tiempu.

Equí fálase de la memoria social ya individual; y na segunda aceición, d'un componente qu'apurre calidá de vida a la humanidá. Poro, nun s'entiende la cultura como una necesidá vital, necesaria pa la sobrevivencia de les persones, sinón como una necesidá d'orde esistencial, y l'accesu a la cultura como un derechu inalienable del ser humanu. Nesi sen, la humanidá, según los preseos que s'establezan, tien de garantizar el drechu al accesu a la cultura de tou ser humanu, colo que tamos falando de la función educacional de la cultura.

Y voi apurrir otra: "La cultura ye lo que permite a la sociedá avanzar. Ensin cultura nun habría memoria coleutivo, y ensin ello nun habría futuru. La cultura ye la que caltién la memoria de la humanidá". Esta definición diola Emilio Marcos Vallaure, actual Conseyeru de Cultura del Principáu. Ehí queda.

Entós, la política cultural vien a ser, según el Dr. J. Arturo Rubio Aróstegui, "el conxuntu d'intenciones que tien l'alminstración pa consiguir, non tanto'l satisfacer moliciones culturales de los ciudadanos, sinón modular o cambiar comportamientos y actitúes de los mesmos, al traviés d'un conxuntu de programes diseñaos pa ello."

Esto ye, y por eso mentaba enantes a Boal y a Mann, exercer poder ideolóxicu y coercitivu.

Anque tamién voi quedame con otra definición, del mesmu Dr. Rubio Aróstegui: "la política cultural ye dalgo más qu'una aceición de calter funcional, la programación d'unes actividaes (bienes/servicios) culturales pa la ciudadanía. Ye daqué más que la suma de polítiques seutoriales del campu l'arte. Esi daqué más fai referencia a la congruencia, a la llexitimación y la conexón de la cultura con otros ámbitos de lo humano: educación, mediu ambiente, ya eso."

⅄ Tesis a amosar

La política cultural y teatral depende direutamente de los estamentos políticos que tienen la obligación de curiar d'elles, calteneles y espardiles; agora, y más depués de los resultaos de les eleiciones al parllamentu asturianu y conceyos de 2011, pue dicise que tamos a la final d'un ciclu.

Los únicos preseos que güei faen furrular la industria del teatru profesional n'Asturies son les compañíes profesionales. Esto nun ye industria cultural valible pal poder, como se verá; y malamente se beneficien d'una política cultural de mui curtiu algame; política cultural qu'al tenese afitao en pegoyos ideológicos mui cuestionables, elitistes, y que nun tan en conexón coles industries culturales, nin munches vegaes coles necesidaes culturales del pueblu asturianu, foi dafechamente fallida.

Pámique ye agora'l momentu de consideralo y reencadarmalo.

Y daqué d'eso ye de lo que vamos falar, lo que vamos intentar demostrar que fai falta, faciendo una pequeña evaluación, que pol so propiu discursu tien de tener un calter políticu, y que nagua por facer un diagnósticu cola única fin de meyorar l'actuación de los poderes públicos al respeutu del teatru n'Asturies.

2) Quién s'ocupa de la cultura

"Díxomelo 'l médicu. AUTISTA. Mirái que, de mano, sonóme mui mal, tenéis que lo entender. Soi persona que tien estudios, qu'estudió con beca, l'arquiteutu que fizo l'Auditoriu d'Uviéu, nuna escuela d'Educación Especial pa Nenos Subdotaos. Autista. Pensé en Kofi Annan. Nun sé porqué pero pensé en Kofi Annan."

(Dolfo Camilo, testu de la Gala'l teatru asturianu, 2002)

⅄ Estaya internacional.

La U.N.E.S.C.O. (organización de les Naciones Xuníes pa la educación, la ciencia y la cultura)

La misión, o meta-oxetivu, que la Organización se propunxo ye amplia y ambiciosa, talo como correspuende a una Organización d'ámbitu mundial a la que nun fai casu naide: construir la paz na mente de les persones pola mor de la educación, la cultura, les ciencies naturales y sociales, y la comunicación. Namás[9].

Pa ello llanta unos finxos dientro d'unes llendes amplísimes, que van esbillándose nuna riestra d'oxetivos estratéxicos o planes d'aición, qu'al tiempu tienen los sos oxetivos específicos, les sos estratexes y programes, y los sos resultaos a algamar[10].

Ente otros, desendolcar delles polítiques culturales n'andecha colos gobiernos mundiales; por exemplu, agora tán enfotaos na promoción de la diversidá cultural con especial enfotu nel patrimoniu material ya inmaterial, y en siguir actualizando les

---

9   Información disponible en http://www.unesco.org/new/es/unesco/about-us/who-we-are/introducing- unesco/ Páxina consultada'l 20/7/11

10   Esti, más o menos, ye'l procesu o esquema que debiera siguir toa política cultural que preste.

polítiques culturales y el desarrollu de les industries culturales; el curiáu del patrimoniu históricu, material o inmaterial; plurillingüismu, tradiciones, patrimoniu oral... (Alcordémosnos, pa traer esto a tierra, de que l´idioma asturianu ta reconocíu como idioma en peligru de desaniciu pola U.N.E.S.C.O., y qu'hai una propuesta pa que'l patrimoniu oral asturianu seya reconocíu y protexíu como tal)[11]

Per otru llau, na so *Recomendación relativa a la Condición del Artista*[12], fai una definición xeneral del artista y de les condiciones nes que pue esistir como creador. Pa ello afita delles definiciones:

Entiéndese por artista "toa persona que crea o que participa pola so interpretación na creación o la recreación d'obres d'arte; que considera la so creación artística como un elementu esencial de la so vida, que contribúi asina a desendolcar l'arte y la cultura, y que ye reconocida o pide que se-y reconoza como artista, entrara o non nuna rellación de trabayu u otra forma d'asociación".

La pallabra "condición" ye la posición que nel planu moral se reconoz na sociedá a los artistes enantes definíos, sobre la base de la importancia que tien la función que tendrán de desempeñar, y el reconocimientu de les llibertaes y los drechos, cuntando los drechos morales, económicos y sociales, n'especial en materia d'ingresos y de seguridá social de que los artistes han tener.

Los Estaos Miembros tendríen de fomentar toles actividaes empobinaes a poner de relieve la contribución de los artistes al desendolque cultural, especialmente pente medies de la enseñanza, los medios de comunicación de mases, asina como

---

11   Información disponible en http://www.unesco.org/culture/languages-atlas/index.php?hl=es&page=atlasmap. Páxina consultada'l 20/7/11.

12   Información disponible en http://portal.unesco.org/es/ev.php-URL_ID=13138&URL_DO=DO_TOPIC&URL_SECTION=201.html.
      Páxina consultada'l 20/7/11.

la contribución de los artistes al emplegu cultural del tiempu llibre.

Dao qu'una obra d'arte nun tien de considerase como bien de consumu nin como inversión, invítase a los Estaos Miembros a estudiar la posibilidá de suprimir los impuestos indireutos sobre'l preciu d'una obra d'arte o d'una representación artística a nivel de la so creación, el so espardimientu o la so primer venta, en beneficiu de los artistes o del desarrollu de les artes.

Los Estaos reconocen el drechu a trabayar, que compriende'l drechu de toa persona a tener la oportunidá de ganase la vida pola mor d' un trabayu llibremente escoyíu o aceptáu, y tomarán les midíes afayadices pa garantizar esti drechu.

Ente les midíes que tendrá d'aceutar caún de los Estaos p'algamar dafechu la efeutividá d'esti drechu tien de figurar la orientación y formación téunico-profesional, la preparación de programes y téuniques empobinaos a algamar un desarrollu económicu, social y cultural constante y la ocupación plena y productiva, en condiciones que garanticen les llibertaes polítiques y económiques fundamentales de la persona.

El trabayu de la U.N.E.S.C.O. pol teatru, y por otres artes, espárdese per una rede perenguedeyada na qu'hai delles instituciones gubernamentales, institutos, (como l'Institutu Mundial del Teatru) asociaciones, ONGs, ya eso; y afita preseos como'l Día Mundial del Teatru, que ta bien pa que daquién s'alcuerde del artista nel mundu polo menos una vez al añu[13].

La U.N.E.S.C.O. quier puxar, pola mor de los cambeos estructurales nel mundu de la cultura a nivel mundial, (profesionalización, comerciu, identidaes...) poles industries culturales p'asegurar una meyor democratización de la cultura, y por ello establez unes categoríes d'actividaes culturales de les

---

13   Tolo tocante al Institutu de Teatru Internacional, ITI, pue consultase na web: http://iti-worldwide.org Paxina consultada'l 20/7/11.

que los gobiernos asociaos tienen de dar cuenta, con finalidá estadístico[14].

Deducimos entós que tol mundu pue ser artista si-y peta, y que l'artista tien una función social, a promocionar, esparder, protexer y respetar. Que se-yos recomienda a los gobiernos tener obligaciones con ellos, yá que cumplen una función social.

Y que la U.N.E.S.C.O. recomienda lliberar l'arte d'impuestos sobre les actividaes económiques que pudieren xenerar. Di tu que la U.N.E.S.C.O. fai recomendaciones.

λ   Estaya estatal. L'estáu español

Constitución

La Constitución española recueye'l drechu a la llibertá d'espresión, y a la producción y creación lliteraria, artística, científica y téunica. Recueye'l drechu a la educación, buscando'l plenu desarrollu de la personalidá humana; tamién el drechu al accesu a la cultura. Los poderes públicos, asina mesmo, caltendrán y promoverán l'arriquecimientu del patrimoniu históricu, cultural y artísticu de los pueblos d'España y de los bienes que lu integren.

---

14   Datos disponibles en http://portal.unesco.org/es/ev.php-URL_ID=13140&URL_DO=DO_TOPIC&URL_SECTION=201.html Páxina consultada'l 20/7/11.

El Ministeriu Cultura

Pa consiguir la so misión, o meta-oxetivu, que ye facer llegar la cultura a tolos habitantes d'esti estáu, repártenla en delles estayes, ente les qu'alcontramos la música, la danza y el teatru. Pa ello dótase de preseos y distribúise en delles direiciones xenerales, museos y biblioteca nacionales y dos institutos, l'I.C.A.A., (Institutu del Cine y de les Artes Audiovisuales) y l'I.N.A.E.M.

I.N.A.E.M.

L'Institutu Nacional de les Artes Escéniques y de la Música[15] (I.N.A.E.M.) ye'l muérganu que, a nivel estatal, y contando con que toles comunidaes autónomes tienen transferíes les competencies en materia cultura, llanta como oxetivos articular y desarrollar programes rellacionaos cola promoción, proteición y espardimientu de la música, la danza, el teatru y el circu, la so proyeición esterior y la comunicación ente les comunidaes autónomes nestes estayes.

Los programes son de dos clases; pola mor d'ún d'ellos, caltiénense centros de creación artística y d'amuesa, por exemplu, el Centru Dramáticu Nacional o'l Centru Nacional de Teatru Clásicu, y nel so día'l Centru de Nueves Tendencies; l'otru ye un programa d'ayudes empobinaes a les compañíes, entidaes y agrupaciones pa fomentar la creación, la presencia internacional y la collaboración ente comunidaes. Dientro d'esti últimu programa, hai delles menes d'ayudes pa espublizamientos, pa xires artístiques pel Estáu y pel estranxeru, pa sales, festivales, ya eso. La visión de la política teatral del

---

15   Tolos datos pueden atopase na web http://wwwinaem.mcu.es

Ministeriu, y que ye estensible a les otres estayes artístiques, ta desplicada nes bases de les ayudes, que van concedese o non según los criterios que vienen darréu:

1. Entender el teatru como un bien cultural y un serviciu públicu. (La gran contradicción).
2. La creación contemporánea y los autores mozos.
3. La estabilidá, la trayeutoria dilatada y el proyeutu artísticu de les compañíes del Estáu.
4. Los nuevos llinguaxes escénicos y la gueta de nuevos públicos.
5. Les "sales alternatives".
6. L'heriedu patrimonial del teatru clásicu.
7. La presencia internacional de la nuesa realidá teatral. Nesti sen, los focos primordiales d'atención sedrán los países del nuesu entornu cultural más averáu: Europa, Iberoamérica y los países de la conca sur del Mediterráneo.
8. El teatru infantil y xuvenil.
9. Los espublizamientos teatrales.

Polo tanto, podemos afirmar que'l Ministeriu, nos preste o nos disguste, tien una política cultural y teatral definida, de la que les compañíes pueden participar o non, si-yos peta. Otra cosa ye que verdaderamente s'algamen los oxetivos propuestos, y que se cuente cola financiación necesaria.

Munches d'estes ayudes van parar a proyeutos artísticos "de primer división", esto ye, de productores mui potentes; nel casu de les compañíes asturianes nun se pue algamar esi nivel d'inversión na producción, y polo tanto, de competitividá comercial de los espectáculos. Esto agrávase tovía más cuando dientro'l conseyu asesor del I.N.A.E.M., a la hora d'analizar les propuestes, nun hai naide que "oficialmente" defenda los proyeutos asturianos. En tou casu, pa les compañíes profesionales asturianes les ayudes del I.N.A.E.M. tienen la so importancia, el Ministeriu tien sofitao delles xires pel estáu y pel estranxeru, y tamién pa sales alternatives, cuando esistía la Sala Quiquilimón.

⅄ Rellaciones de les compañíes de teatru profesional con otros muérganos a nivel estatal. Finxos institucionales y empresariales

Facienda

Les compañíes de teatru caltienen les sos obligaciones fiscales con Facienda lo mesmo que cualesquier otra empresa. Échase de menos por exemplu, nel I.V.A., una rebaxa nel tipu; los gastos de les compañíes son casi siempres en personal, que nun xenera I.V.A., y les factures qu'emiten lleven agora'l 18%, colo qu'hai muncha descompensación. Pémeque sedría xusto y necesario rebaxar el tipu al 4%, como ta rebaxáu yá pa otres actividaes culturales (llibros, entraes, cine...) o, inclusive, quitalu dafechu. Tamién ye una severa carga'l tener qu'acostinar col pagu d'esti impuestu anque nun se tenga cobrao la factura; teniendo en cuenta que la mayoría son trabayos pa l'alministración, y que suel tardar mínimu tres meses en pagar, (y a vegaes abondo más,) pue dase'l casu de que la compañía quiebre por pagar l'impuestu, nun sedría raro.

Llei Xeneral de Subvenciones

Les ayudes pal teatru siguen lo afitao na Llei Xeneral de Subvenciones (38/2003). La llei ye mui esixente colos plazos y les formes, y paez nun tener un espíritu de sofitar la cultura y la llibre espresión, sinón más bien l'envís de caltener un absolutu control sobre tola actividá cultural; esta llei aprobóse cuando'l P.P. taba nel gobiernu estatal; quiciabes la plantegaron, y ye una opinión personal, aplicando'l criteriu xeneral d'impidir la financiación illegal de bandes armaes, cosa que me paez lóxica, pero nun apropiada pa sofitar y esparder la producción teatral. Una cosa ye nun engañar y que l'alministración sepa qué ye lo que se fai coles perres de los contribuyentes, que ye lo normal, y otro ye que pidir una ayuda práuticamente seya un delitu.

Tolos programes d'ayudes dependen d'esta llei, que, por abegosa, causa abondos problemes tanto a los destinatarios de les mesmes (dao lo kafkiano, a veces, de les condiciones y requerimientos) como a les alministraciones autonómiques y llocales, sobre too a les que más movimientu tienen; ye necesario que les bases de les diferentes ayudes nun contradigan la Llei Xeneral, y ye por eso que camuden cada poco, los plazos cambien, hai demores...

Seguridá Social

Les compañíes trabayen colos actores y téunicos según el Réxime d'Artistes; ye complicao, y entérense poques persones de cómo furrula, a veces nin l'alministración; de min tiénense ríío nel I.N.E.M. una vez que fui a cobrar paru con cuarenta y picu díes trabayaos, anque tenía drechu y demostrase llueu; entá sigui pasando, pero ca vegada en menor midida.

El Réxime d'Artistes tien dalgunes ventayes pal trabayador, ye una especie de contratu fixu discontinuu con una cotización mui alta, que permite al trabayador xuntar pal paru o pa la pensión. De toes formes, les compañíes, al ser esti trabayu como ye, y por tener el nivel económicu que tienen, que más que "pymes" son "minipymes", tienen complicao acceder a les ayudes pa contratación o inversión, que casi siempres van en función al trabayu fixu que xeneren. Como nun ye claro nin cenciellu'l sistema d'artistes, caún interprétalu a la so manera: dende'l sindicatu d'actores n'Asturies falábase d'emplegalu pa too, actuaciones y ensayos; podría ser, pero, según lo falao cola Seguridá Social nel so día, el Réxime d'Artistes namái que cinca a los bolos; el réxime pa ensayos tien de ser el xeneral.

Agora, cola anuncia de que los autónomos van poder solicitar ayudes por desemplegu, ta por ver cómo afeutará al coleutivu d'artistes; anque'l réxime ye'l de trabayador por cuenta ayena, hai artistes que tán inscritos como autónomos, cosa que tien cierta lóxica si pensamos que, por exemplu, n'Asturies, trabayen-trabayamos con delles compañíes a la vez, y/o por cuenta propio, o faen publicidá, o andamos a la gueta fórmules d'autoemplegu... Yo aventúrome quiciabes al dicir que'l trabayador que trabaye con tres, o más de tres empreses al tiempu, tendría de ser autónomu; yá nun falamos d'ún trabayador por cuenta ayena, sinón por cuenta propia; amás, cara a Facienda, los trabayadores quiciabes aforraríen problemes.

Otres Ayudes, patrociniu, mecenalgu

Nel estáu hai pocos exemplos d'esti tipu d'aiciones, y los qu'hai tan venceyaos a grandes producciones, conciertos, xires, tamién ediciones de llibros... Coca-cola o Heineken son exemplos d'esto, tienen daqué presencia no cultural. N'Asturies les ayudes por patrociniu son cuasi qu'inédites. Los tetos de los que quier tirar tol mundu, non sólo les compañíes de teatru asturianes, son siempres los mesmos: LAGISA, Central Llechera, ALSA, Caxastur, la Du-Pont... Raro ye que dalguna d'elles participe de dalgún proyeutu cultural o teatral.

Equí nun ye como nos E.E.U.U.., que si una empresa nun trabaya'l patrociniu cultural como forma d'amosar la so responsabilidá social ta mal vista. En fin; ye otra forma de ver les coses.

3) Sistemes d'espardimientu del productu teatral nel estáu: preseos

⅄ Rede Española de Teatros, Auditorios y Circuitos de Titularidá Pública[16]

Ye un muérganu creáu a partir del I.N.A.E.M. y que tien forma xurídica d'Asociación cultural, lo que nun dexa de ser chocante; xunce alredor de cien teatros del estáu y los circuitos de les comunidaes; tien como oxetivos atropar públicu y buscar una homoxeneización de les programaciones culturales de los teatros de la Rede.

N'Asturies hai tres teatros dientro esta rede, El Xovellanos de Xixón, El Campoamor d'Uviéu y el Palaciu Valdés d'Avilés. Ye difícil qu'una compañía de la mena de les q'hai anguaño n'Asturies seya quien a inxertase dientro les programaciones de la Rede, quiciabes tea destinada a productos teatrales y musicales más de primer división; lo que ye entá más complicao cuando tienen que competir con producciones de la propia Rede, como una serie de conciertos didáuticos sobre óperes que se ficieron fai dos o tres años. Furrula dientro la Rede una comisión formada polos representantes de los diferentes circuitos de les autonomíes, que tien l'envís d'intercambiar información sobre los distintos espectáculos que s'estrenen. Curiosamente, nel día de güei (07/2011) nun hai dengún representante pol circuitu asturianu, que pa la mio idea, ye la única comunidá que nun ta representada nin figura nes comisiones de trabayu.

---

16   Tola información en www.redescena.net. Páxina consultada'l 21/7/11.

人 Teatros independientes

La Rede de Teatros Alternativos[17] agrupa espacios qu'el Ministeriu noma "d'aforu reducíu". Ta empobinada a espectáculos d'estilu más modernu o nueves tendencies. Ye una rede con 38 sales espardíes per tol Estáu. N'Asturies nun hai denguna dientro la rede, magar que fai poco tiempu furrula la Sala El Huerto en Xixón. Les compañíes, pa poder representar los sos espectáculos dientro esta rede, amás de tener poco repartu y poca escenografía, y que-yos preste a los programadores o xestores de les sales, tienen de tener concedida una ayuda pa xira del I.N.A.E.M., yá que, de por sigo, les sales nun tienen perres abondo pa poder pagar los precios de los montaxes; casi siempre negociase la taquiélla. Na programación específica de la Rede, nel añu 2011, tampoco nun hai denguna compañía asturiana.

人 Redes autonómiques

Igual que n'Asturies, en cuasi que toles comunidaes furrulen circuitos d'amuesa d'espectáculos profesionales. Hai dellos modelos d'organización, según cada comunidá; hailos d'orde provincial, que xestionen les diputaciones, onde les haiga; otros autonómicos, con circuitos estremaos de tipu A, B o C, según espacios y espeutáculos... Ye complicao pa les compañíes inxertase dientro una rede autonómica que nun seya la propia; los dineros de cada comunidá gástense en compañíes de la propia comunidá, y la política d'intercambios nun esiste. Dalgunos circuitos necesiten un mínimu de contrataciones del espectáculu per parte de los ayuntamientos, otros nun quieren

---

17   Tola información disponible na web www.redteatrosaltenativos.org. Páxina consultada'l 21/7/11

saber nada, otros son realidaes nacionales, a otros lléguenmos espeutáculos de tolos llaos[18]...

⅄ Feries – Festivales

Como ye percomplicao acceder a les diferentes redes, quiciabes l'amuesa de los espectáculos en feries o festivales seyan la única oportunidá de que dalgún programador o xestor vaiga ver los montaxes y los programe. Pero tamién ye mui complicao entrar nes programaciones d'espeutáculos de les feries. Y normalmente, el pescáu tá siempre vendío. Amás, el formatu feria de teatru ta un poco de capa caída, ya respuende en munchos casos a los porgüeyos de les macro-productores d'espectáculos. Hai de facer mención al Festival de Teatru de les Autonomíes, que tolos años aconceya a delles compañíes d'una o dos comunidaes, y permite amosar el trabayu d'éstes en Madrid, anque claramente nun ye abondo.

Yo confiésome d'esquierdes, y asturianista –magar que Javier Fernández nun comprienda'l conceutu–; pero pémeque nun hai cosa peor pal espardimientu del teatru que les redes autonómiques tal y como furrulen agora; caún mira pa lo de so, y ye dificilísimo facer una política d'intercambios que preste. Quiciabes si se ficiera un estáu federal...

---

18   Nel Circuitu de Teatru Asturianu hasta agora hubo una cláusula que permite programar hasta un 10% de compañíes de fuera de la Comunidá. Esta manera de facer competencia deslleal, ye defendía por dellos téunicos de programación, que–yos interesa más traer compañías de fuera pa festivales, etc.. que contratar compañíes asturianes, qu'a los sos gueyos siempres van ser d'inferior categoría.

4) Exemplos de polítiques culturales en delles comunidaes del estáu español

⅄ Catalunya

Home, falar de teatru nel Estáu y nun falar de Catalunya... ellí si que saben, ¿eh? Lo que nun sé ye por qué ellí sí saben y n'otros sitios non. Y el teatru cuesta ellí lo mesmo qu'en tolos llaos. Sólo qu'ellí sí se-y da importancia a la industria cultural como eficiente vía de desarrollu económicu y humanu, y a la cultura catalana en xeneral como una perbona carta presentación de Catalunya nel mundu, como yá pudimos comprobar delles vegaes.

L'Estatut[19]

Como toles comunidaes, incluyía la nuesa, La Generalitat tien les competencies esclusives en materia cultural. Y descríbeles nel Estatut. Voi facer una esbilla de lo que más puea interesanos. Como meta-oxetivos de política cultural, l'Estatut Catalá llanta los que vienen darréu:

A respeutu de les Actividaes artístiques y culturales que se faen en Catalunya, ente otros, la regulación y la inspeición de les sales d'exhibición cinematográfica, les midíes de protección de la industria cinematográfica, y el control y la concesión de llicencies de doblaxe a les empreses distribuidores asitiaes en Catalunya – llóxicamente, la so llingua ye oficial y deféndese, y entiéndese'l doblaxe como parte d'esa industria.

La promoción, la planificación, la construcción y la xestión d'equipamientos culturales asitiaos en Catalunya y l'afitamientu de midíes fiscales d'alite de les actividaes culturales nos tributos sobre los que la Generalitat tenga competencies normatives.

---

19   Pue atopase na web www.gencat.es

Al respeutu del patrimoniu cultural, qu'inclúi en tou casu la regulación y la execución de midíes destinaes a garantizar l'arriquecimientu y la difusión del patrimoniu cultural de Catalunya y a facilitar l'accesu a ello; la inspeición,inventariu y restauración del patrimoniu arquiteutónicu, arqueolóxicu, científicu, téunicu, históricu, artísticu, etnolóxicu y cultural en xeneral (alcuérdome del zulu de la Campa Torres)

Al respeutu del fomentu de la cultura qu'inclúi'l fomentu y l'espardimientu de la creación y la producción teatrales, musicales, audiovisuales, lliteraries, de danza, de circu y d'artes combinaes feches en Catalunya, y la proyeición internacional de la cultura catalana.

1. Preseos. Institut de les Industries Culturales

Esti preséu naz p'articular les aiciones necesaries para reforzar lo qu'ellos consideren texíu industrial, con alderiques, documentos, recomendaciones, propuestes de víes de financiación, ayudes a la esportación y al mercáu interior, apostando pol prestixu, la calidá y la presencia internacional del teatru y cultura catalanes.

Esti Institutu ellabora nel 2002 el Llibru Blancu de les Industries Culturales en Catalunya[20], faciendo un analís fonderu de toles estayes de la cultura catalana; col so analís DAFO, recomendaciones a les instituciones, ya eso. Facer referencia de too ello sedría mui estenso, amás el documentu pue topase fácil n'Internet, pero voi facer mención a lo qu'establecen como retos a algamar pal sector de les artes escéniques. Esbillen ente otros los que vienen darréu (la llista ye llarga pero paga la pena):

---

20   Testu disponible en http://www.gencat.cat

Potenciar aquelles estratexes de cooperación pública/ privada qu'afiten el texíu empresarial y permitan, ente otros aspeutos (...) alitar la presencia del públicu, lluchar por una reducción del I.V.A. de los espectáculos escénicos, afalar el consiguir recursos financieros alternativos (fondos de capital riesgu, patrociniu empresarial, avales pa creitos, ya eso). Afitar les estratexes públiques y privaes de collaboración ente los teatros, y ente éstos y les empreses del sector, col oxetivu d'afitar llinies de coproducción y de programación compartíes. Esparder la posibilidá de facer temporaes estables fuera de la ciudá de Barcelona col establecimientu d'alcuerdos y estratexes conxuntes ente dellos teatros, compañíes y empreses del sector. Alitar estratexes comunes de fomentu de la demanda, qu'entamen na escuela y sigan col impulsu nel espardimientu y promoción nos medios de comunicación, el fomentu de los circuitos y feries d'espectáculos, la meyora de la xestión y el marketing de productos, y el fortalecimientu d'asociaciones d'espectadores potentes. Meyorar los venceyos de los profesionales y les empreses escéniques catalanes con aquelles iniciatives de la industria del entretenimientu (parques temáticos, actividá audiovisual, acontecimientos especiales) que permitan fortalecer el sector, sobre facturación, competitividá y esperiencia, nun tiempu nel que la entrada de capital esternu y la globalización camuden el marcu tradicional de rellaciones esistente. Alitar la presencia nel esterior de les propuestes, producciones y profesionales de la escena catalana, aprovechando la tradición y el prestixu acumulaos, asina como'l papel líder de delles compañíes.

El documentu acaba asina: "Agora, namái qu'hai d'implementar les recomendaciones y diseñar los programes que permitan un crecimientu sostenible del ámbitu mercantil de la producción y l'espardimientu cultural en Catalunya".

Y entós, van y fáenlo.

Home, habrá de too, como en tolos llaos. Pero ye evidente que, anque caigan mal o bien, yo admírolos, tiénenlo claro; tienen una política cultural afayadiza, eficiente, colos sos meta-oxetivos, preseos, oxetivos y resultaos, de toos conocíos. Política cultural coherente col so pensamientu y col so sitiu nel mundu; con munches referencies, o meyor, cuasi qu'una semeya de la política cultural de Quebec, Canadá –modelu a siguir no que cinca a política cultural nel mundu–, ciudá francesa dientro un mundu inglés, con una situación social asemeyada a la catalana, en cuantu a llingües, cultura, ya eso. Y dalgo perimportante: nómase al teatru dientro l'Estatut. Eso quier dicir que'l teatru gocia de consideración, que yá ye muncho dicir.

⅄ Estremadura[21]

Estremadura ye una comunidá que tien munchos paralelismos con Asturies. Tien un pasáu cultural común, xuníu pela Ruta la Plata, y los movimientos comerciales y les migraciones de población treshumante. Polo tanto, amueses culturales, (folclor, etnodrames, llingua...) asemeyaes. Les dos comunidaes son tradicionalmente probes de recursos; eso sí: n'Asturies vivióse tol esplendor industrial de la mina y la siderurxa, cosa que n'Estremadura non. Nes dos esplótase muncho'l turismu rural, como nuevu recursu económicu. Gobernó fasta apocayá'l mesmu partíu, amás en dos de les sos vertientes más rancies; tantu'l SOMA, como Ibarra, son heriedos del "guerrismu" más españolista. Les dos comunidaes vense agora nun intre crucial; agora camudó'l signu políticu nes dos comunidaes.

---

21   Lo espuesto nesti apartáu ta actualizao al añu 2007. Agora, en 2011, nun s'atopa la información n'Internet.

Pos Estremadura, que nun tien industria de tresformación, según nos contaben nel Cursu de Xestión de la Fundación Autor, plantégase cuál ye'l so sitiu nel mundu, dan un saltu nel tiempu, y faen un plan informáticu, afitáu nel software Linux, exemplar pal mundu. Per otru llau, tópome va tiempu na Plaza'l Parchís en Xixón, un autobús, dientro una campaña que yera "Estacioncultura" promocionando'lfestival de teatru de Mérida, otru de creación audiovisual, un festival Templariu; un circuitu d'actuaciones que crearon d'escenarios móviles; un festival d'artistes urbanos; otru festival medieval, y la campaña "Estremadura en branu", qu'axunta toes estes actividaes y bastantes más. Amás la rapaza, bien salada ella, como debió veme interesáu, regalóme una chapuca, una correa pal móvil y un par de rifes pa un sortéu d'entraes pal Clásico. Mira.

Apuesten pola cultura, claramente, como vía de desarrollu y como recursu turísticu. N'Asturies tamos mui lloñe d'eso; los programes de los partíos políticos naguen por volver a los tiempos d'abondanza, la reindustrialización, les prexubilaciones, los votos; los fondos mineros, pola poca planificación y los marabayos seudopolíticos, nun tan cumpliendo la so función remanecedora, el devolver a Asturies l'estatus que-y quitaron; los fondos nun valen de motor nin social nin económicu. Y de promocionar cultura asturiana, mui poco. Namás hai que ver la gala que fizo Jose Luis Moreno pa la T.P.A. nel Día d'Asturies de 2010.

5) La cultura n'Asturies

"Nun hai plan estratéxicu de país, y eso nótase nos aspeutos identitarios y económicos."

(Profesor F. Llera Ramo, catedráticu de ciencies polítiques, 28/8/05)

"Esta comunidá en munchos aspeutos, ye una rexón-fósil."

(Pedro de Silva, expresidente d'Asturies)

⅄ Pequeñu analís territorial-social

Si De Gaulle dicía qu'un territoriu con tantos quesos como Francia yera mui difícil de gobernar, ye que nun conocía Asturies. Cuarenta variedaes de quesos, nun territoriu munchu más pequeñu que Francia. Cinco orquestes sinfóniques. Cientu cincuenta mases corales. Milenta gaiteros. Una burrada grupos folclóricos. Bandes de gaites. Grupos de folk a esgaya, tolos años tres o cuatro nuevos. Nel concursu del Campoamor dieron doce premios de tonada masculina, imaxínense la cantidá de concursantes nesa modalidá. Tonada femenina. Tonada pa intérpretes mozos. Cientu y picu productores d'audiovisual que nun van trabayar na T.P.A. Artistes plásticos; nuna puya pal Conceyu Abiertu pola Oficialidá del Asturianu apurrieron obra cincuenta y cinco artistes. El Xixón Sound y tolo que vieno dempués, rock, folk, cantautores, pop. Trenta y ocho compañíes profesionales de teatru, y un cientu d'elles amateurs. A ver quién gobierna eso. Nin de Gaulle, nin naide, ónde vas parar.

Y ye tan asina, que naide lo gobierna. Nin lo intenta. Asturies ye una comunidá, con unos 1.500 años d'hestoria, 280 km. de costa, setenta y ocho conceyos y con un millón curtiu d'habitantes. Quiciabes pola mor de la so proverbial dificultá de comunicaciones, mesmo internes como esternes (lo que ye un signu d'identidá), el teatru y les artes en xeneral caltuviéronse como fenómenu catárticu y comunicativu de la sociedá asturiana; aquello tenía sen. De xuru que'l fechu de qu'estes comunicaciones nun s'iguaren hasta bien poco, cola apaición d'autopistes y la meyora de carreteres, anque entá nun ye lo deseable, tien rellación cola bayura compañíes, profesionales y non, esistentes n'Asturies, y col gustu pol teatru y l'ésitu de les amueses artístiques de calter tradicional o popular. Vieno la revolución industrial y dióse un cambiu social grande, xurde otru tipu de población, urbano, alredor d'industries y pozos, con otros intereses y maneres de pensar, lóxicamente más identificaos col movimientu obreru en xeneral. Hubo cantares a l'Arcadia Perdida, al desaniciu de la vida tradicional, y tamién de bienvenida a la modernidá. Pasó la revolución d'ochobre, la guerra, la represión. La cultura tradicional foi emplegada pola dictadura, al traviés, por exemplu, de la seición femenina, pa buscar una definición de país español, igualándola con toles formes del folclor d'otres comunidaes del Estáu. Nótase'l pesu de la industria pública no cultural. Foi un ñeru perimportante d'intérpretes de música tradicional, grupos de teatru (con otru matiz distintu al del teatru costumista), y tamién d'asociaciones culturales de toa mena. Nel ámbitu urbanu, desendolcóse otru movimientu, más acordies con un pensamientu de resistencia o intelectual, que se traduz, dientro'l teatru, nel teatru independiente. Esti, pela so parte, evoluciona mui rápidamente na democracia dende'l teatru d'idees, la política de grupu y el trabayu en comuña, a namás la rellación llaboral empresariu-trabayador, impersonal.

Les pirámides de población de los conceyos d'Asturies meten mieu. Nun son pirámides, son peonces. Y nun desaxero nin gota. Nun hai nacencies, Xixón caltién crecimientu cero dende fai una fargatada d'años, y nel añu 2011 fálase d'unos 25.000 contratos a asturianos y asturianes fuera d'Asturies.[22]

Ye un problema grave –non sólo pal teatru– si pensamos, a curtiu plazu, na gueta de nuevos públicos, o en facer trabayos afayadizos pal públicu qu'haiga. Ayenos a too esto, les prioridaes qu'afiten la mayoría de partíos políticos ye la de siguir cola actividá industrial como primer motor de la economía del País, pero nun hai plan estratéxicu pa los fondos mineros, nin pa reindustrializar, nin pa nada. Agora que nun hai carbón, hai que protestar n'Europa pa que nun se zarren los pozos.

D'otramiente, paez que se descubrió p'Asturies lo que Franco y Fraga nel so día descubrieron pa España: qu'Asturies taba destinada pal turismu. Inténtase per tolos medios atraer visitantes que dexen perres; esto tien los sos peligros, la especulación, l'esboroñe de la natura, la invasión cultural; y amás ye la única alternativa que se da al desastre y al abandonu. El turismu que vien equí nun ye precisamente lo que se llama un turismu de calidá; hai parte que vien buscando paz y paisaxe, inclusive cultura, en cases rurales, pero hailo tamién de sol y playa – quiciabes tan influenciaos polo del cambiu climáticu; si equí llovió tola vida.

Fáense infraestructures pa que les ciudaes tengan servicios asemeyaos a los d'otres ciudaes, autopistes, acuarios, botánicos, museos; otra cosa ye'l conteníu y lo que se quier tresmitir al visitante; nun podemos escaecer que'l turista, y más, el de turismu de calidá, quier saber cuála ye la diferencia, el nuesu fechu diferencial, y eso ye lo que de contino se torga per parte d'una llinia política cobarde, de la qu'hasta agora fuimos víctimes, esclava del so pasáu, falta d'imaxinación, desfasada y represiva pa cola cultura autóctona en tolos ámbitos. Lo que se

22   Ver SALINAS, JOSE LUIS (2011) *La emigración laboral vuelve a crecer en Asturias tras cuatro años de retroceso.* Diariu La Nueva España, secc. Economía. 14/7/11. Uviéu: Ed. Prensa Ibérica. Pue atopase en http://www.lne.es/economia/2011/07/14/economia-emigracion-laboral-vuelve-crecer-asturias-cuatro-retroceso/1102448.html

quería tresmitir, el meta-oxetivu del gobiernu asturianu saliente, yera que queremos ser como tolos demás, que lo intentamos, que nun miramos pal pasáu, que somos internacionales, modernos; esto ye: la mediocridá. Nun fai falta namái que ver les declaraciones de Jesús Fernández, el "dos" de la F.S.A., al respeutu de la llinia política que plantea'l gobiernu del F.A.C. y la so idea de país asturianu, recomendándo-y qu'alministre'l so discursu pa que nun se camude nun embrión nacionalista[23]. Ye insultante, nun sólo pa Cascos y el so gobiernu, sinón pa tol@s asturian@s que creemos nel nuesu país; y da grima velo pensando que vien d'un partíu que quier aspirar a gobernar. Nun lo lleven y nun lo lleven, acabóse...

ᴀ País. ¿Hai cultura asturiana?

Ta claro que l'enfotu d'esta estaya del exerciciu nun ye amosar lo evidente; hai munchos llibros, estudios ya información a disposición del que tenga voluntá de consultalos pa comprobar tolo que vien darréu, y de xuru, de forma muncho más bayurosa y prestosa; poro, paezme importante asitianos, y ser oxetivos con nós mesmos, pa saber de lo que tamos falando. Tampoco voi intentar demostrar historiográfica, xeográfica, sociolóxica o antropolóxicamente qu'esiste país, nin diferencialo de la concepción de nación según les estremaes definiciones qu'estudien los espertos, con argumentos talos que la noción de pertenencia a un grupu voluntaria por parte d'individuos –que yo

---

23   Pa más información ver l'artículu de ORDÓÑEZ, JOSE A. (2011) *La FSA opina que el regionalismo de Cascos es una «coartada de distracción» electoral*. Diariu La Nueva España. 19/7/11. Uviéu: Ed. Prensa Ibérica. Pue atopase en http://www.lne.es/asturias/2011/07/19/asturias-opina-regionalismo-cascos-coartada-distraccion-electoral/1104557.html

diría que se pertenez quieras o nun quieras–, o'l discutiniu ente si ye primero la nación o'l país, o'l reflexu institucional que tien.

Pero nun ye por evitar la pedantería; ye que camiento qu'igual estos discutinios y definiciones yá tan desfasaos; tendríemos qu'agarranos a les declaraciones d'Ana Rosa Migoya amosaes un bon día na prensa, que tenía la idea de facer d'Asturies non una nación, non; non un país, non; una especie de Parque Temáticu[24], como suena, con una rede de museos y nun se qué. Pamidea que foi tan bona l'acoyida popular qu'igual-yos da vergoña volver a soltar la babayada.

En fin: apúrrovos una visión transversal y un poco superficial p'amosar qu'esiste una cultura asturiana, estremada d'otres, por munchos motivos. Y voi referime, en principiu, a la cultura asturiana con denominación d'orixe, esto ye, la que xurdió de la memoria coleutiva d'esti país, a partir de fechos y amueses propies d'esti país, y que tien rellación direuta cola hestoria y la sociedá d'esti país, dende que ye país.

Humor:

Una vez que me tocó lleer un monólogu, qu'escribiere Lisardo Lombardía[25], foi la primer vez que sentí falar a Pedro de Silva en direuto. Él presentaba l'actu y fizo un analís sobre l'humor asturianu. Fizo comparanza col humor vascu, el gallegu y el

---

24   A esi respeutu pue atopase l'artículu Asturias se promocionará como 'parque temático cultural' con once nuevos destinos en
http://terranoticias.terra.es/articulo/html/av2442982.htm. Páxina consultada en 24/7/11. Y en http://www.skyscrapercity.com/showthread.php?t=244543, declaraciones d'Ana Rosa Migoya, en 2004.

25   D'AMANDI, XUAN (2004) *El casoriu de Letizia y otros fechos principales*. Maestros del humor. Uviéu: Trabe. (Escritu por Lisardo Lombardía, embaxo'l nomatu de Xuan d'Amandi)

cántabru; dicía que l' humor vascu y el gallegu yeren humores más inocentes, si quies, l'humor asturianu según él, ye más irónicu. Yo nun toi del too d'alcuerdu; abúltame que l'humor asturianu ye más satirosu, más negru que'l vascu o que'l gallegu, que sí me paez más irónicu. Según dixo él, tamién, del humor cántabru nun hai constancia.

La sociedá asturiana tien esa visión del mundu dende abaxo, como acomplexada, y d'ehí vien la so interpretación del mundu y el so humor. Tesis que vien afitar la segunda de les perles de Pedro de Silva: "La coña asturiana ye lo contrario de la furia española". Asina mesmo. Aplausos del respetable.

Artesanía

Los moos de vida tradicionales xeneren oficios, güei munchos n'estinción, pero entá calteníos por artesanos; madreñeros, cesteros, canteros, caldereros, ceramistes, talabarteros, guarnicioneros, carpinteros, texedores, azabacheros... Los trabayos artesanos agora son de toa mena, tradicionales, más novedosos... Hai dalgunos, como'l casu del Taller Textura, Vitoria Casielles o Charo Cimas, que pasen yá de l'artesanía al arte. Hai delles asociaciones y coleutivos profesionales d'artesanos, qu'axunten a más de doscientes persones. Los oficios artesanos tradicionales, pola mor del poblamientu urbanu, y los sos moos de vida, alloñaos de la natura, van esaniciándose pasu ente pasu; ye cada vegada más raro topar madreñeros, cesteros, talabarteros... o mesmamente quien te siegue un prau a gadañu.

Magar que Mercedes Álvarez s'enfotare n'escorrer arqueólogos traidores al réxime, como Angel Villa[26], hai güelgues de munchos años de poblamientu n'Asturies; dende'l Sidrón, o restos paleolíticos de Teberga, o Cabrales; monumentos y castros celtes perimportantes (Noega, Grandas, Peña Tú, Areo, Xagó, Cuaña...), otros munchos restos d'esta dómina celta o prerromana tipu esteles funeraries, xoyes, o monumentos megalíticos a esgaya; muries de defensa; más llueu la dominación romana tamién dexó abondos restos (que nun ye que Roma naciera equí, como quieren demostrar en Xixón, que nagua por ser como Tarragona o Mérida nesi sen; non, home, non, Roma taba en Roma).

Y d'ehí p'alantre; ilesies prerromániques, palacios, catedral... Hai piedres a fargataes.

Y a éstes hai que suma-yos toles piedres que nos quedaron de la reconversión industrial y la industria pública. Y toles qu'atoparon nel zulu de la Campa Torres[27]. Tamién hai que falar de l'arquitectura popular asturiana, tanto nel mediu rural (caseríes, cases d'indianos, palacios...) como l'urbanu (edificios catalogaos, modernistes, etc). Por cierto, creo que los horros y les paneres definen mui bien les llendes del país, no cultural, me refiero: téngolos visto nuna casería en ruines en Velilla– Guardo

26   Angel Villa yera arqueólogu titular de la Conseyería de Cultura del Principáu hasta que denunció que habia más de 20000 pieces atopaes nel poblamientu célticu de Noega, asitiáu na Campa Torres, Xixón, que taben ensin datar y zarraes nuna dependencia "secreta", en pésimu estáu de caltenimientu. Tien un blogue onde se narra tola hestoria, que s'atopa na web http://plataforma-angel-villa.blogspot.es/1299417120/ . Páxina consultada'l 24/7/11.

27   Espublizao por MARQUÉS, M. S. (2010) *Halladas en el búnker de la Campa Torres más de 20.000 piezas de las excavaciones.* Diariu La Nueva España, secc. Sociedá. 21/4/10. Uviéu: Ed. Prensa Ibérica. Pue atopase l'artículu en http://www.lne.es/sociedad-cultura/2010/04/21/halladas-bunker-campa-torres-20000-piezas-excavaciones/903928.html

(Palencia) y pola otra fastera, na carretera de Meira-Becerreá. (Llugo). Pal sur tamién los hai en dellos llugares.

Gastronomía

Amás de la tradicional y esceicional ufierta gastronómica del país, bultable nos numberosos festivales, y negocios, esisten nueves tendencies na creación y na comercialización d'estos productos, por exemplu la sidra. La xente de fuera sospréndise cuando piden un menú y-yos dexen la pota pa echar lo que quieran; ca vegada vese menos, eso sí. Igual al pasar Payares había que dar un manual d'emplegu de los menús y de la sidra, naide entiende que se bebe por botelles, o por caxes.

Paisaxe

Cada día más acabáu, anque caltiénense coses esceicionales; por exemplu la central térmica de Sotu la Barca, en Tinéu, metanes del valle del Narcea, o la Cementera d'Aboño vista dende Albandi col cumal de depósitos de gas, o les soberbies plantaciones d'ocalitos que s'estienden per tola mariña asturiana, que presta a esgaya velos, y que va facesde estensiva al interior pola mor de los ocalitos nittens; el paisaxe asturianu, los pueblos, les costes, son víctima de la especulación y de los porgüeyos inmobiliarios y de constructores. Enantes los praos midíense per díes de gües; agora per quilómetros cuadraos de xalés y urbanizaciones. Ye nidia la rellación ente esto y el deporte popular; d'equí a poco Asturies va ser una potencia mundial nun deporte tan de nueso como ye'l golf; tamién hai munches oportunidaes nos deportes acuáticos, que vamos poder disfrutar bien d'ello nes nueves instalaciones que van facer en Caliao.

Llingua y Lliteratura

Como recursos culturales de la población asturiana, tenemos de nomar en primer llugar una llingua autóctona, tan llingua como cualesquiera otra que descienda del llatín, diferenciada, colos sos dialectos, y qu'algama a más territorios de lo que güei se conoz por Asturies. Gaspar Melchor de Xove y Llanos y la so hermana Ma Xosefa caltuvieron la idea de facer la primer Academia de la Llingua Asturiana. Güei, dempués del trabayu de muncha xente a lo llargo de munchos años, Asturies tien una Academia de la Llingua, qu'espublizó preseos como'l diccionariu, normatives ortográfiques, revistes, obres de divulgación... Hai tamién una Oficina de Política Llingüística y una rede d'oficines nos conceyos, que malapenes sobreviven a base de la voluntá de los que trabayen nelles. Güei ye bien bultable la presencia d'autores de poesía, narrativa, y teatru n'asturianu; dalgunos con ésitos y proyección a nivel estatal. La llingua asturiana, increyiblemente, nun ye d'usu oficial nel so territoriu; esti fechu ye una seña d'identidá perimportante y constatable.

Formes culturales tradicionales. Artes

Ensin dubia les amueses artístiques tradicionales (teatru, canción popular, bailles, dances, ritos) tan rellacionaes cola proverbial incomunicación; fasta bien poco cumplíen la so meta-oxetivu primordial: comunicar a la xente ente sí. Güei tan empobinaes a un públicu abondo avanzáu n'edá.

Formes etnodramátiques – Mitoloxía

Los resclavos de les sociedaes prerromanes y de les socesives aculturaciones-inculturaciones tradúcense por exemplu en delles amueses d'orixe prerromanu (guirrios, zamarrones, blanquinos y dellos otros asemeyaos) qu'entá güei se caltienen. Tamién hai un bayurosu mundu mitolóxicu, con espeyos en tradiciones d'otros países célticos ya indoeuropeos, que ta nun momentu d'estudiu y popularidá perimportante.

Ritos. Danza

Caltiénense dances y bailles que xurdieron n'ocasiones de ritos de les poblaciones prerromanes y celtes. Tamién un bon puñáu d'elles que xurden de los ciclos de rellación social naturales. Y dalgún grupu, de los munchos qu'hai dedicaos a la investigación, caltenimientu y espardimientu del nuesu folclor que reivindica'l trabayu de la seición femenina.

Música

Amás de la música que va xunida a les dances y bailles, hai xéneros de música popular asturianos dafechu, como la tonada. Con intérpretes bien mozos. Hai munchu material recoyío en cancioneros. Güei, el movimientu de música tradicional y folk, de reminiscencia céltica, ye perimportante n'Asturies; hai dende milenta gaiteros que puedan tocar nuna procesión hasta producciones discográfiques con repercusión mundial. Hai instrumentación autóctona, y tamién munchu material musical de calter cultu, escritu en partitura y compuestu por músicos col enfotu de facer cultura y música sinfónica asturiana. Baldomero Fernández, Torner, Vázquez del Fresno, Ramón Prada, Juan Carlos Casimiro... son dalgunos bonos exemplos.

Teatru

No que cinca al teatru, que tengamos noticia, los primeros testos teatrales n'asturianu daten del sieglu XVI. Antón de Marirreguera, amás d'escribir obres que son espeyu de lo que yera la sociedá daquella, fizo dalgo tan importante como tornes de clásicos griegos al asturianu. Cuando l'espoxigue de los nacionalismos nel mundu, allá pel sieglu XIX, tamién n'Asturies tuvieron el so rescamplar, de la mano de dellos escritores y artistes. Por nomar dalgunu de lo que nos ocupa, que ye'l teatru, Pachín de Melás, socialista, por cierto, que tuvo presu. Pin de Pría, Malgor... El teatru costumista ye'l que más públicu caltién n'Asturies, ensin discutiniu, anque nótase abondo'l saltu d'edá. Como forma teatral específica asturiana, ta'l monólogu, que güei tamién ta tratándose dende otres perspeutives más d'anguañu. (A esti respeutu, recomiéndovos la llectura de *El Teatru Popular Asturianu* y *En tables*, de Dolfo Camilo[28]). Güei hai dellos autores qu'escriben teatru n'asturianu, y grupos de teatru que faen teatru asturianu, y non sólo de testu. Anque a veces ye por ocupar sitiu nes programaciones atropar un supuestu mercáu, y non por militancia, pero ta bien de toes formes.

Según la R.A.E., "país" ye "nación", y nación ye'l conxuntu de los habitantes d'un territoriu rexíu pol mesmu gobiernu / Territoriu d'esi mesmu país / Conxuntu de persones d'un mesmu orixe étnicu y que xeneralmente falen un mesmu idioma y tienen una tradición común.

Entós, bromes aparte, y basándome na anterior esbilla, yo diría – y sé que nun soi yo namás el que lo digo, taría guapo–, qu'Asturies ye PAÍS, anque seya una mierda de país; y que

---

28   DÍAZ, ADOLFO CAMILO (2002), *El teatru popular asturianu*. Academia de la Llingua Asturiana. Uviéu: Mázcara. Y tamién: DÍAZ, ADOLFO CAMILO (2006). *En tables*, Uviéu: KRK ediciones,

n'Asturies pue falase d'una CULTURA, con denominación d'orixe propia, estremada d'otres, abondo bayurosa y abondo maltratada.

Por supuestu que tamién, aparte de la cultura con denominación d'orixe que se desendolca n'Asturies, hai otru tipu d'analís que pue facese dende una perspeutiva más de clas social, transversal, qu'afeuta tamién a tolos campos artísticos, música, teatru, audiovisual, que nun tien que ver con Asturies de nun ser por que ta sometida a la probitú de les planificaciones culturales, por nomales de dalguna manera, y que se desendolca dientro unes llendes económiques y sociales "asturianes", lo que condiciona direutamente la producción artística y el so espoxigue como tala cultura. Productores d'audiovisual, actores, actrices, cantantes, músicos, artistes plásticos, editoriales...

6) Quién s'ocupa de la cultura n'Asturies

"Un centro dramático no es una prioridad para nuestro departamento."

(Ana Rosa Migoya, Conseyera Turismu, Comunicación Social, Cultura y vocera del Gobiernu asturianu, añu 2006)

"En ese sentido el teatro goza de buena salud, no obstante hay un exceso de compañías, de oferta y creo que se podría manejar mejor."

"Al que no le guste la política cultural del gobierno asturiano, que se presente a las elecciones."

(Carlos Madera, Direutor Xeneral de Cultura, añu 2006)

⅄ L'Estatutu d'Autonomía

L'Estatutu d'Autonomía asturianu llanta les competencies de calter esclusivu sobre Cultura, con especial atención a la promoción de les sos manifestaciones autóctones y al enseñu de la cultura asturiana, too ello ensin perxuiciu de lo dispuesto nel artículu 149.2 de la Constitución.

⅄ La Conseyería Cultura

La Conseyería de Cultura naz como serviciu pa proponer y desendolcar l'aición de Gobiernu, ente otres coses, en cuanto a Cultura. Talo como figura nes bases de les ayudes, la xestión de la política cultural ta inxertada nel ámbitu la Conseyería de Cultura, Comunicación Social y Turismu en virtú de lo dispuesto nel Decretu 9/2003, de 7 de xunetu, del Presidente del Principáu, de reencadarme de les Conseyeríes qu'integren la

Comunidá Asturiana. Agora supónse que col cambéu de gobiernu autonómicu habrá dalguna variación na cadarma; pa entamar, yá nun ye Conseyería de Cultura y Turismu; ye Cultura y Deportes.

⅄ El Conseyu de les Artes

Pa tratar de coordinar una política cultural, creóse dende'l Gobiernu de la Comunidá'l Conseyu de les Artes y les Ciencies, quiciabes siguiendo, o intentando siguir el modelu británicu y centroeuropéu. Ellí les polítiques culturales diséñenles los conseyos d'artistes, escoyíos a la so vez por conseyos d'artistes llocales. Por casu, en Francia, lo venceyao a política cultural agora ye más de tipu centraliegu, too centrao en París, y el so gran problema ye'l de descentralizalo; nel estáu español heredóse'l sistema del réxime, y anque s'intenta, la verdá ye que ye difícil desfacelo a curtiu plazu.

Esti Conseyu naz col envís de ser muérganu colexáu de l'Alministración de la Comunidá Autónoma con calter consultivu, asesor y promotor de polítiques artístiques y culturales, asina como de les d'investigación, desarrollu y anovación científica y teunolóxica. Compónenlu hasta dieciocho miembros, una especie de comité d'espertos bienpensantes, tan de moda n'Asturies pa too. Asitiaráse, anque ye de calter asesor, penriba la Conseyería Cultura a la hora de diseñar polítiques o estratexes culturales. Que yo sepa, anque mira qu'hai conseyos asesores pa too, pa la reforma l'Estatutu, pa la Televisión autónoma, el Conseyu de les Artes pa la mio idea nunca nun llegó aconceyase nin foi quien a planificar nada dende que se creó; y si lo fizo, nun sé quién s'aconceyaría o lo que trataríen.

Polo tanto, ¿hai política cultural n'Asturies? ¿Sabemos entós cuála ye l'aición de Gobiernu respeutu a cultura?

Dalgunes de les competencies que tien la Conseyería de Cultura son proponer, da-y puxu y executar l'aición política y alministrativa del Gobiernu, sobre polítiques d'educación, patrimoniu históricu y cultural, y alite y cooperación de la cultura; enantes taba inxertada dientro unes llendes más amplies, nomábase Conseyería de Comunicación Social, Cultura y Turismu, cuando Ana Rosa Migoya yera la Conseyera y amás (2006) vocera del Gobiernu. Namái que pol nome podemos deducir que yera munchu'l trabayu que tenía desendolcar, y que, polo tanto, la cultura tien mui pocu pesu específicu en comparanza con otres Direiciones Xenerales, por exemplu, Turismu. Como too esto ye percomplicao de xestionar, la Conseyería dixébrase en delles Direiciones Xenerales, Secretaríes téuniques, Servicios y Muérganos d'asesoramientu, ente los que topamos el nomáu Conseyu de les Artes. Y Política llingüística, por casu, mira tu peronde, foi a depender de Presidencia, controlada dafechamente por Tini Areces, nun fuera ser un "embrión nacionalista". La Conseyería nesta última llexislatura, cuya responsable foi Mercedes Álvarez que yera Conseyera de Cultura y Turismu, cuntaba con un Vicenconseyeru, Jorge Fernández León, y dos Direiciones Xenerales, de Turismu y de Cultura, que ye la que mos ocupa. El Vicenconseyeru tenía control sobre la T.P.A. y la responsabilidá d'echar a andar el complexu de La Llaboral; pa ello créase una empresa pública nomada RECREA, que controla los museos de titularidá autonómica y el Teatru de la Llaboral, cola tienda, etc..

Agora coles eleiciones de 2011, el gobiernu del F.A.C. camuda otra vegada la cadarma de les Conseyeríes, y la Conseyería de Cultura ye agora de Cultura y Deportes. Llanta como finxos lo mesmo que ponía nel programa de F.A.C., que yá veremos más alantre: planificación, desendolque y xestión de les polítiques enmateria cultural desarrollaes nel Principáu d'Asturies, la promoción de la cultura nos sos manifestamientos estremaos, y el desendolque de la política llingüística, asina como'l fomentu de les fiestes tradicionales; y la xestión de les polítiques de protección de patrimoniu cultural, el diseñu y execución de les polítiques tocantes a museos, archivos, biblioteques y proyeutos singulares, asina como'l so réxime regulador y la so coordinación[29].

Nel intre que toi escribiendo esto ta acabante nomar el Sr. Conseyeru Marcos Vallaure, colo cuál poco sabemos de lo que tien pensao facer, aparte de lo que trai'l programa del F.A.C.

El Serviciu dependiente de la Conseyería que más nos interesa ye'l Serviciu de Promoción, Cooperación y Difusión Cultural (qu'agora camudará tamien de nome). Tien al so cargu les funciones de coordinación de la xestión de los servicios culturales públicos dependientes del Gobiernu d'Asturies; y los oxetivos son: el desarrollu de los programes de cooperación con instituciones y entidaes pal fomentu y espardimientu cultural; el desarrollu de programes de fomentu y espardimientu de la creación artística; esto ye básicamente, no referente a teatru, el Circuitu Profesional y les Ayudes.

⅄ Instituciones específicamente teatrales n'Asturies

El teatru merez especial atención, ya que se trata de la estaya artística con más tanto por cientu d'actividá profesional, más que la música o les artes plástiques, más metíes en dinámiques d'asociacionismu cultural.

I.T.A.E.

Nel so día, fundóse l'I.T.A.E., ya que'l teatru xeneraba, yá daquella, actividá abondo como pa tener una especie de Direición Xeneral. Naz, eso sí, como muérganu desconcentráu. L'I.T.A.E. yera un muérganu desconcentráu –como suena–

---

29   Información disponible na web www.asturias.es. Consultada'l 25/7/11.

dependiente de la Conseyería d'Educación y Cultura, creáu en 1985, y que tenía como oxetivu l'alite, desarrollu y promoción de les actividaes escéniques nel ámbit competencial d'Asturies.

Asina, correspondía-y al I.T.A.E. l'exerciciu de les funciones que vienen darréu:

⅄ Ellaborar un archivu d'información y documentación d'actividaes escéniques.

⅄ Cooperar colos organismos nacionales y los d'otres Comunidaes Autónomes, que s'ocupen del teatru y les artes escéniques, y recibir datos de los mesmos,espardiendo dicha información y comunicándola en particular a los Conceyos.

⅄ Producir y promocionar el trabayu de les persones venceyaes a estes actividaes y collaborar na coordinación de les que se faen na Comunidá Autónoma.

⅄ Esparder, dientro d'Asturies, los datos, ufiertes y convocatories de proyeición ya interés xeneral producíes polos correspondientes Muérganos Nacionales o los d'otres Comunidaes Autónomes.

Y asina foi qu'agora'l teatru asturianu nun tien dengún muérganu que s'ocupe de los sos asuntos; llévase too dende la propia Conseyería de Cultura al traviés de la seición de Difusión Cultural, dos o tres persones que trabayen munchu y bien, eso sí, pero nun ye abondo, seique.

L'I.T.A.E. creó una Escuelina d'Arte Dramáticu, qu'algamó ser Escuela Superior, anque tolos titulaos d'años anteriores, cuasi que cien persones, nun disfruten de títulu homologáu. Y non por nada, sinón porque a naide de l'alministración-y apeteció trabayar nello, ye la desidia más absoluta, y tamién pola aquiescencia de la profesión en xeneral, o pola llerza que-yos da'l qu'un cientu persones tuvieren dalgún puntucu más qu'ellos cara a oposiciones. Pero l'I.T.A.E., que nun yera sólo la escuela, ta derogáu tamién por decretu, y por desidia, y el teatru asturianu carez d'un serviciu propiu pa xestionar les sos polítiques y los sos intereses. El Sr. Carlos Madera foi'l responsable de la desapaición d'esti serviciu. Como bon médicu que yera, sabrá que pa quitar un granu del deu nun fai falta cortar el deu. Asina sí que nun s'igua nada. Y nun fina ehí la historia.

    ▵ Escuela Superior d'Arte Dramático. Desanicie de la especialidá universitaria de Direición d'Escena.

La E.S.A.D. naz nel añu 2002, pa suplir al Institutu del Teatru y de les Artes Escéniques (I.T.A.E.) pola mor de la demanda social d'una enseñanza teatral reglao. Sicasí, anúnciase dende la Conseyería d'Educación el desaniciu de la especialidá de Direición d'Escena na Escuela Superior d'Arte Dramáticu (E.S.A.D.) "por razones económiques" cola introducción, "a cambiu", de Danza na mesma, pasando a nomase oficialmente "Escuela Superior d'Arte Dramáticu y Profesional de Danza".Nel cursu 2009/10 yá nun se convoquen nueves places pa Direición Escénica. El responsable d'ello foi'l Sr. Roberto Menéndez del Campo, xefe del Serviciu d'Enseñances Artístiques, Conseyería d'Educación.

La especialidá universitaria de Direición Escénica tenía de ser la perlla, la flor, la neña mimada del complexu Llaboral; ye la que tenía de provocar eses sinerxes de les que tantu mos falen; ye lo qu'estrema, o estremaba, esta escuela d'otres; ficiéron-y muncha propaganda cuando entamó, "les meyores instalaciones de tol Estáu", etc.[30] y nin dende la Conseyería, nin dende la mesma

30   Consultar artículu de 16/1/2007, *Areces destaca en la inauguración de la Escuela Superior de Arte Dramático de Asturias que es 'la mejor de España'*, Europa Press – Xixón, que pue atopase en http://www.lukor.com/television/noticias/portada/07011625.htm sobre la inauguración

Escuela sepio dáse-y el valir que tien, nin aprovechar la so imaxe p'atropar xente interesao en facer los estudios, nin pa proyeutala fuera tampoco.

Por cuenta d'absurdos criterios cuantitativos (debi ser una especialidá carísima de caltener yá que tien práuticamente'l mesmu profesoráu que la d'Interpretación) la profesión asturiana pierde otra oportunidá. Nésti casu, de formase o reciclase, pa facer espoxigar la so industria. Nun s'entiende qu'equí seya problemático qu'haiga pocos alumnos (nós nel nuesu cursu acabemos cuatro y yá teníemos problemes d'espaciu con tolo grande que ye aquello) y en Madrid o Copennhague non, cuando se mueven con ratios paecíos d'alumnáu. Ta claro que nun pue haber más direutores d'escena qu'actrices o actores.

Lo d'inxertar, o meyor, lo d'espetar danza na E.S.A.D., ye una chapuza qu'entá ta por ver si ye llegal o non. Supónse que nun pueden amestase los estudios superiores colos de grau mediu; y los estudios de danza de grau mediu, lo normal ye que s'asitiaren nel Conservatoriu música, como en cualesquier sitiu civilizáu. O n'otru sitiu independiente, que la Llaboral ye pergrande.

¿Les razones poles que se fai esto? Nun sé. Dalgún habrá que quiera ganar méritos, o que-y tea zuna a los "teatreros", entá nun soi a entendelo. Testeronaes, ocurrencies, desconocimientu, o quiciabes intereses de dalgún tipu. Otra oportunidá perdía; pero la culpa d'ello, anque tien la mayor parte, pémeque nun sólo ye de l'Alministración; la especialidá de Direición nun-yos interesa más qu'a los alumnos que s'apunten, que son los que realmente la perfaen. Nun interesa a los alumnos d'Interpretación, que tán nel so mundu yuppi; tampoco a bona parte del claustru profesores de la Escuela, ye mui complicao xestionar esa especialidá, y voi dexalo ehí; nun interesa a los equipos direutivos de la E.S.A.D., porque defendela ye sinificase énte

de la ESAD por parte del ex-Presidente del Principáu Vicente Álvarez Areces. Páxina consultada'l 24/7/11.

l'Alministración; nun interesa a dellos grupos profesionales, porque asina hai menos competencia; nun interesa a la profesión en xeneral porque tola vida tuvimos enllamorgaos n'aquiescencia, nel amateurismu y na cortedá de mires; nun interesa porque nunca se miró pol futuru de la profesión a llargu plazu; nun interesa porque vivimos nún pueblu d'inxenieros onde manda'l "tou val" y onde'l más tontu fai relós... A la fin, abulta que ye otra maniobra de l'Alministración pa esaniciar el Teatru y la industria cultural llariega, ya imponer el so modelu.

⅄ RECREA

RECREA ye una sociedá públicu creada n'agostu de 2006 y adscrita a la Conseyería de Cultura, y Turismu. El so oxetu ye xestionar les cadarmes culturales, turístiques y deportives del Principáu d'Asturies y la so prioridá ye la de crear, definir y axustar los modelos de xestión de los equipamientos turísticos según principios d'interés públicu, responsabilidá social, eficacia, eficiencia y serviciu escelente.

Enfotéme en finar la primer edición d'esti llibru na navidá de 2006. Nesti tiempu hubo dalgunes novedaes, como la puesta en furrulamientu de la T.P.A., y la presentación del proyeutu de la Llaboral, Ciudá de la Cultura. La idea de les dos instituciones ye la básica del gobiernu asturianu; con Jorge Fernández León como celebru de la operación, nómase a Rosina Gómez-Baeza, antigua direutora d'ARCO, direutora del centru, y a Mateo Feijóo, direutor de programación del teatru de la Llaboral, sustu incluyíu con Daniel Gutiérrez Granda, antiguu Conceyal de Cultura y Festeyos en Xixón, con un currículu y sonadía intachable, que renunció a tar perbaxo les órdenes de Feijóo, y que tenía una planificación, según lo que dixo, bien afayadiza pal centru[31]. Montóse una escandalera guapa[32].

Per otru llau, Rosina Gómez-Baeza desplicólo claramente: un centru que se base nos artistes llocales nun pue trunfar. Según Jorge Fernández León, toles concepciones políntiques al rodiu del proyeutu son valibles, pero pa ellos la válida ye ufiertar les coses que nun hai n'Asturies. Lo mesmo de siempres: macrocentru, nel que s'amiesta un hotel con una sala esposiciones, una escuela d'Arte Dramáticu y un *Theatrón* nel que si fuera por ellos los del pueblu nun actuaríemos enxamás.

Imaxe, turismu, que nun repercute pa nada na cultura asturiana, nin nel teatru profesional. A ver.

Y la tele, asemeyao. Anque hai dalgún programa n'asturianu los sábados pela mañana, y dalgo dexó caer tamién el direutor so la industria del doblaxe. Nun foi verdá.

Los poderes públicos tienen la obligación de curiar que los ciudadanos tengan accesu a la cultura; por ello l'apertura d'un nuevu espaciu siempre sedrá bona noticia. A partir d'ehí, debía desendolcase una determinada política cultural; nel casu de la Llaboral, nun se desendolca denguna; trátase d'un fabulosu espaciu que va a tener una ufierta llamativa y foriata, (polo

---

31   Consultar l'artículu de CABRANES, ANGEL (2010). *Telón en tela de juicio*. Diariu La Nueva España. 3/6/2010. Uviéu: Ed. Prensa Ibérica. Pue atopase en http://www.lne.es/gijon/2010/06/03/gijon-telon-tela-juicio/924096.html. Páxina consultada'l 4/8/11. Gutiérrez Granda, consultáu xunta otres persones del teatru y cultura asturianos, dicía nesti artículu lo que vien darréu: "Laboral Escena fue un diseño import ante, que requería una gestión complicada. No voy a valorar los últimos resultados, porque mi salida de este proyecto fue desagradable. Sólo recuerdo que mi idea para Laboral Escena era la de un escenario que sirviera como catalizador de las artes escénicas asturianas. Con producciones propias y coproducciones con otros teatros de la región. Esto, unido a otras ofertas de contrastada calidad internacional."

32   Consultar l'artículu de la REDACCIÓN L.N.E.(2007) *Gutiérrez Granda cree que Fernández León rectificará sus planes para la Laboral.* Diariu La Nueva España. Secc Xixón. 23/9/07. Uviéu: Ed. Prensa Ibérica. Pue atopase na web http://www.lne.es/gijon/1769/gutierrez-granda-cree-fernandez-leon-rectificara-planes-laboral/560070.html . Páxina consultada'l 25/7/11

menos fasta 2011, nel que selemente entamaron a apaecer compañíes asturianes) con gran aparatu publicitariu, pa un supuestu beneficiu de la imaxe de la ciudá y aumentar la so capacidá d'atracción turístico.

RECREA ye la empresa pública responsable de la xestión de tolos museos del Principáu y la propia Ciudá de la Cultura. El Teatru de La Llaboral ye l'únicu teatru del Principáu (entendiendo "Principáu" como davezu s'entiende cuando mos referimos a él: a la so cadarma gubernamental). Nació ensin política nin oxetivos sobre la cultura asturiana, o'l so teatru. Trabáyase la exhibición cara al turismu. Lo normal ye pensar que si'l Principáu abre un teatru con perres de los asturianos (sólo pa publicidá de l'apertura fueron 200.000 €, frente a unos 120.000 € que se daben en subvenciones a trenta compañíes profesionales pa producción añalmente, y esti últimu añu 54.000 €), pos que valiera pa puxar pela industria cultural del país o curiar del so patrimoniu cultural. Pos non. ¿Maxinaríemos el centru dramáticu gallegu, o'l catalán, o l'andaluz, con programación dafechamente foriata?

La direición artística del centru hasta 2010, cuyu cabezaleru, Mateo Feijóo, que vieno de la escena alternativa madrilana, y que yera desconocedor de la realidá y problemática del teatru asturianu (cosa que-yos importaba un res a él y a los sos superiores), presentó una programación mui minoritaria que pue que tuviere'l so interés. Vieno atender les demandes d'un públicu que diba a los ciclos de Caxastur, cuando se facíen, o al Teatru Xovellanos, que, dientro les sos posibilidaes, atiende a tolos públicos. Yera una programación tipu Festival Nueves Tendencies según un modelu madrilanu que nun ye valible pa una sociedá como l'asturiana; en tou casu, el modelu foi percriticáu y nun foi útil pa la industria teatral llariega.

Saltaron los turullos, y l'entós direutor de RECREA, Jesús López, dimite. Mateo Feijóo[33], que según datos que dio la Revista La Ratonera, cobraba al añu lo mesmo que se daba a les trenta y picu compañíes profesionales nel conceutu d'ayudes pa producción --120.000 € añales d'aquella, agora les ayudes baxaron a la metá, como yá s'apuntó--, marchó a los tres años, y agora RECREA tien otru xestor, Alejandro Calvo, que yera Xefe de Política Forestal[34].

Baxo'l so mandu ta l'equipu de Borja Ibaseta, que depués del cambéu radical de rumbu, y la escandalera que supunxo l'aterrizaxe na Llaboral de Jose Luis Moreno[35], paez que tienen una llinia más racional de programación, d'apertura y sofitu pa coles compañíes asturianes, pero fai falta entá munchu llabor.

Nel separtáu de los museos, y referente a teatru, púnxose de moda caberamente'l facer subproductos teatrales d'animación pa visites guiaes, que sedrán subproductos pero xeneren trabayu; contrátense cuasi siempres direutamente cola compañía; ta'l tema como un poco zarráu.

33   Consultar l'artículu de ANTUÑA, MARI FÉ. (2010) *Mateo Feijóo deja La Laboral.* Diariu El Comercio. 6/5/10. Xixón: Vocento. El Comercio Digital. Pue atopase n'El Comercio Digital, http://www.elcomercio.es/v/20100506/cultura/mateo-feijoo-deja-laboral-20100506.html. Páxina consultada'l 25/7/11.

34   Articulu de la REDACCIÓN EL COMERCIO(2009) *Cultura nombra gerente de Recrea al exdirector de política forestal.* Diariu El Comercio. 2/9/09. Xixón: Vocento. Pue atopase n'El Comercio Digital,   http://www.elcomercio.es/gijon/20090902/asturias/cultura-nombra-gerente-recrea-20090902.html. Páxina consultada'l 25/7/11.

35   Consultar: . MERAYO, PACHÉ (2010) *La Laboral va a ser el Zara de la cultura.* Diariu El Comercio. 17/8/10. Xixón: Vocento. Pue atopase n'El Comercio Digital, http://www.elcomercio.es/v/20100817/cultura/laboral-zara-cultura-20100817.html; y ANTUÑA, MARI FÉ, (2011) *Jose Luis Moreno abandona La Laboral.* Diariu El Comercio. 16/2/11. Xixón: Vocento. Pue atopase n'El Comercio Digital, http://www.elcomercio.es/v/20110216/cultura/jose-luis-moreno-abandona-20110216.html. Páxines consultaes el 25/7/11.

⼂ Los partíos políticos

Nun tengo noticia de que les polítiques culturales centren discutinios importantes dientro los partíos políticos, nin a nivel estatal nin autonómicu. Al respeutu de la cultura los conceptos que se manexen nos programes eleutorales son conceptos xeneralistes y biensonantes, continuístes. Hai diferencies ente ellos, de toes formes; nel casu del P.S.O.E. o d'I.X., caltienen daqué conteníu social, plantéguense meta-oxetivos: la democratización de la cultura, que tol mundu tenga accesu, polítiques pa recuperar espacios o mantener l'actividá aficionada nos barrios. Tópicos. Lo de fai ventipicu años. Nel casu del P.P., tengo lleío daqué cosa fai tiempu en torno a la idea de potenciar l'ésitu, lo cuál tamién amuesa a les clares cuál sedría'l sen de la so política cultural. Tampoco dengún de los partíos asturianos tien programa cultural que preste, o polo menos, nun se conoz o nun llega a la opinión pública. (Hai de mentar que'l Partíu Asturianista cuando yera "bisagra" del Gobiernu de la Comunidá, inxertó una mena ayudes pa la organización de mercaos tradicionales asturianos, col enfotu de crear emplegu).

Naide fai mención al desarrollu de polítiques culturales determinaes, nin contempla l'apaición del fenómenu de les industries culturales. Eso sí, siempres, enantes de les eleiciones, hai conceyos de los partíos cola xente de la cultura pa consulta-yos les sos esmoliciones y porgüeyos; que yo sepa, y yá voi asistiendo a delles, nunca tuvieron denguna repercusión.

D'otramiente, los políticos, o los programadores culturales, nun falen el mesmu llinguaxe que los artistes. Ellos nun falen de cultura, falen de perres, y la crisis famosa ye una bona disculpa pa nun facer nada.

Nun mos escaezamos de que la cultura, y poro, el teatru, ye una responsabilidá pública, y que son los gobiernos los que tienen d'asegurar la viabilidá d'esi patrimoniu en toes les sos formes. Los únicos que van tener poder y capacidá pa camudar les coses, si ye que quieren, que lo duldo, son los partíos políticos y tan a la vista les distintes propuestes que sobre cultura o teatru se ficieren n'Asturies col aquelli de les Eleiciones 2011.

1. De los partíos políticos pa col teatru asturianu

Como sabrán ustedes, hai una riestra de cerca vente agrupaciones que se presentaren a los comicios. Yá sabemos que n'Asturies hai espertos en too. Hai dalgunes que nin siquier conocía, por exemplu la Unificación Comunista d'España, (UCE), que pamidea que tien unos plantegamientos abondo contradictorios y duldosos en xeneral –esto comprenderáse meyor sabiendo que'l mesmu Gustavo Bueno caltuvo dalguna rellación con esti coleutivu, y que davezu apoyen les iniciatives de U.P. y D.–.

Tampoco me fiaría muncho de l'Agrupación Liberal Social. En tou casu, abúltame que nun deben tener una opinión mui clara, nin propuestes mui concretes sobre l'asuntu cultural y teatral asturianu, que ye lo que me pruye tratar equí. Anque si tomamos de referencia les sos idees de país yá podemos facenos una composición de llugar.

Hai aparte delles asociaciones mui minoritaries que nun voi nin siquier a nomar, nun m'interesen nada y creo qu'a ellos la nuesa problemática tampoco.

Voi centrame sobre too nos asuntos venceyaos al fechu escénicu y a la llingua asturiana, por referencies. Nun quiero entrar na xestión de la T.P.A., nin asuntos d'otros coleutivos, nin na xestión d'espacios culturales, de la que falaremos más alantre.

Entamaré colos partíos que tan agora nel poder. Igual entá ye mui pronto (8/5/11), pero nun atopé nel casu del P.S.O.E. o del P.P. programa dengún; entós nun sé mui bien cómo valoralo o estudiar les sos propuestes como nun seya a partir de dellos artículos espublizaos en prensa que faigan delles referencies a la política cultural, y rellacionalo colo que ficieron estos años atrás nestes estayes.

L'alcaldable pa Xixón de parte del P.S.O.E., Santiago Martínez Argüelles fálanos de la creación d'un parque d'industries creatives nel I.N.T.R.A., dellau de la Llaboral; tamién del Muséu de Xixón que va asitiase na Tabacalera, y d'un alcuerdu que se va soscribise ente'l Teatru Xovellanos y Llaboral pa nun pisase les programaciones. Javier Fernández amuesa'l so sofitu a los y les creadores (esi nuevu términu tan de moda, como "sinerxia"), y, tantu él como l'anterior, fálennos de les escelencies de los resultaos algamaos poles polítiques llevaes a cabu en cuanto a l'anovación y la creación contemporáneo.

Ye evidente que los dos principios nos que s'afita tola aición cultural de la F.S.A.-P.S.O.E., el sempiternu complexu d'inferioridá y l'emplegu de la cultura, como imaxe pa potenciar el turismu, siguen ehí llantaos. Nun hai denguna referencia al teatru concretamente como industria cultural. Siempre va ser meyor lo de fuera, lo que me fai alcordame de les groseres pallabres de Fdez. León asegurando que traía xente y espectáculos de fuera pa modernizanos, como exemplu pa los aldeanos d'equí. Lo salvable ye lo de los llocales del I.N.T.R.A., cosa que yá se fexo colos músicos en Roces, y qu'en teatru, y sobre tou en teatru profesional, ye pernecesario; y pidióse cuantayá. Faen dalguna referencia a la proteición de la llingua y cultura asturianes; yá sabemos, polo visto nestos años, en qué consiste esa "protección". Y más sabiendo que Javier Fernández ye antiasturianista militante y confesu. Nun hai cambios nel plantegamientu, colo cuál les peligrosísimes xentes que trabayamos cola llingua, la cultura tradicional y no tradicional, la música, los artistes plásticos, el teatru, ya eso, siguiremos condergaos a ser entes folclóricos confinaos nun requexu baxo un férreu control alministrativu. En fin; denguna concesión, denguna novedá que preste, dengún entamu de planificación pa la industria teatral asturiana, nada. La soberbia y la prepotencia de siempres, despreciu de lo propiu en cuanto a entidá, productu ya imaxe; y aiciones y proyeutos mui alloñaos de la realidá y de les necesidaes de la industria cultural llariega. Paez que namái que-yos interesa'l so modelu.

Nel casu del P.P. tampoco atopé programa pa la comunidá; si hai dellos de calter municipal; insisten en xeneral sobre la idea d'averar la cultura al pueblu, pero tampoco despliquen los medios que se van emplegar, los fondos que se van destinar... ye un poco la visión que pue tener dalguién ayenu al mundu cultural, la visión del espectador. Igual que nel casu del P.S.O.E. cuando falen de les programaciones de los teatros, y non del sentíu que tienen eses programaciones nin de la implicación de les industries culturales asturianes nesos plantegamientos.

Agora mesmo falar de que la cultura tien de llegar al pueblu como oxetivu d'una política cultural paezme un poco antiguu y un poco probe; necesítense otros oxetivos, hai de trabayar un poco.

Tamos falando de dos partíos non asturianos. Y esi matiz ye importante a la hora del discursu políticu y a la plantegar una política cultural p'Asturies. Nel casu'l P.S.O.E., pola mor del so proverbial antiasturianismu, y esa querencia por vese inxertaos nesa seudorealidá virtual, multicultural, progresista ya internacionalista, que podría ser una güelga d'aquellos venerables principios marxistes de la llucha de clases, --a los que por cierto yá renunciaren va tiempu, pero que dacuando hai que sacar a rellucir p'amosar esa imaxe de traxe pana ranciu y compromisu social.

Y nel casu del P.P., ta claro que'l so modelu d'estáu nun pasa por reivindicar les diferencies ente comunidaes, y la cultura y el teatru bien podríen ser una d'elles.N'Asturies. En Galicia, non. Pero eso ye otra batalla.

Izquierda Xunida tien espublizáu na so web el programa eleutoral del 2007, pero camiento qu'en comparanza col que puedan tener agora nun va haber munches novedaes. Hai de tener en cuenta tamién que la poca representación que tien I.X. nel Parlamentu y Aytu. de Xixón tampoco-yos dexó ser a desendolcar los proyeutos esbillaos dafechamente. Falen, y paezme importante y rescatable, de la igua d'un Plan Estratéxicu Cultural.

Les posiciones d'IX, tamién partíu d'ámbitu estatal, son conocíes al respeutu de la llingua asturiana, y son conocíes les sos repercusiones. Cuando falen d'aiciones concretas, en cuanto a teatru o cultura tradicional, tampoco s'ufren demasiaes novedaes, traten polo xeneral de potenciar o emprimar lo que yá esiste. O seya, na.

Delles otres iniciatives suenen a aportaciones de xente particular. Magar que falen de la igua d'esi Plan Estratéxicu, queda tou en bones intenciones.

El discursu d'I.X. pa cola cultura asturiana foi, magar qu'hebio dalgún avance, abondo cuestionáu; dicía enantes qu'hai que tener en cuenta'l so verdaderu pesu políticu, y qu'hai temes d'otru algame que pa ellos son prioritarios na so aición político, nes sos propuestes y negociaciones.

Siguiendo colos partíos españoles, U.P. y D. sí que tien el programa colgáu na so web. Programa qu'al respeutu de cultura, ye dafechamente contradictoriu y un tantu alloriante. Deféndise lo tradicional, el patrimoniu, pero manifiéstense abiertamente contrarios a la oficialidá del asturianu. Eso pue implicar dos coses: que la llingua nun ye patrimoniu; o que la cultura asturiana nel so conxuntu ta inxertada dientro lo folclórico, igual que nel casu de la propuesta'l P.S.O.E.

Pa U.P. y D., la cultura tien de llegar a tolos llaos, pero dende la iniciativa privao. Nun tien d'haber ayudes a la industria cultural, que namái que tien de movese por motivos económicos (nun esiste esi "daqué más" qu'esplicaba Rubio Aróstegui; pero nin pa ellos nin pa otros munchos). Camiento que si fueren consecuentes col so discursu, nun debieren presentase a les Eleiciones n'Asturies si tan en contra'l modelu autonómicu. Partiendo d'ehí, tolo demás.

Na categoría de partíos asturianos autonomaos "rexonalistes" atopámosnos col Foro Asturies. El programa ta disponible na so perclara páxina web, qu'inclúi una estaya colos insultos que-yos propinen. Visto lo visto, merez un analís aparte.

L'IDEAS llanta na so web una esbilla de propósitos o principios, non un programa en xeneral. Nun fala concretamente de cultura nin de teatru, pero chocóme'l compromisu cola oficialidá del asturianu –dende la so perspeutiva rexonalista–, asina como la petición d'incluyir producción asturiano na T.P.A. Nun sé si ye mui consecuente cola so manera de pensar, pero paezme acertao.

Na web del U.R.A.S.-P.A.S. podemos atopar el programa electoral y hai una estaya dedicada a la cultura y llingua asturianes. Tol programa vien marcáu por una feroz crítica a l'aición política del P.S.O.E. y de los partíos españoles, y ye mui rotundu a la hora defender los principios que tien de siguir la política llingüística, ye una seña d'identidá del partíu. Nun separtáu dedicáu a la música propón la enseñanza de la música asturiana dientro los Conservatorios, cosa que podría ser estensible a la Escuela d'Arte Dramático, nel casu del teatru; pero nun hai referencies al teatru nel programa cultural. Seique n'otra ocasión sí que lo ficieren.

Les agrupaciones asturianes de calter más nacionaliegu, el Bloque por Asturies-U.N.A., y Conceyu Abiertu, o C.U.P.X. en versión xixonesa, ye evidente que caltienen una llinia de compromisu cola llingua y cultura asturianes perclara y contundente. Otra cosa ye'l desendolque d'eses programaciones. Nel casu del Bloque-U.N.A. trabayaron nello según les sos posibilidaes, y el programa quedó un poco curtiu; cónstame que son sensibles a introducir propuestes series y concretes sobre teatru y cultura nun futuru. Nel del C.U.P.X., aparte de les propuestes sobre llingua asturiana, que son la mayoría d'elles, hai una propuesta de creación d'un centru de producción teatral en Xixón, y una demanda de que'l Teatru Xovellanos seya "públicu de verdá". Ye un suponer que dende los plantegamientos asamblearios que propón l'Andecha, la xestión del Xovellanos pueda abultá-yos non democrática y alloñada de la cultura popular, pero pámique ye una visión de mui curtiu algame; falta información y sobra sensacionalismu; un teatru como'l Xovellanos nun puede xestionase a manu alzada. Y per otru llau, los centros de producción teatral públicos suelen ser d'ámbitu nacional, o autonómicu, según s'entienda, y estrictamente profesionales.

Foro Asturies

L'apaición d'esti partíu dientro l'espectru políticu asturianu foi la causa, aparte de los ataques de nervios que-yos entraron a dalgunos y dalgunes, de ciertos movimientos dientro les xentes del asturianismu, que camienten que faciendo presión dende dientro del partíu podríen algamase meyores nel asuntu la llingua ycultura asturianes. Los espectaculares resultaos electorales al so favor amuesen a les clares qu'había un vacíu políticu no tocante al asturianismu, y una clara falta d'ilusión y enfotu nes propuestes de los partíos españoles. El programa marca unes llinies d'actuación cultural mui clares; vixilancia del patrimoniu, collaboración coles empreses, y promover y xestionar actividaes culturales. Dende esi puntu de vista xeneral, transversal, entra teatru, llingua, too. Los recientes nomamientos de Marcos Vallaure como Conseyeru Cultura y de Carlos Rubiera como Conceyal de Cultura de Xixón dexen albidrar un perfil asturianista pa lo venceyao cola cultura, reforzáu col nomamientu de Xose Nel Riesgo como Direutor de la F.M.C. y U.P. de Xixón.

Nel articuláu al detalle nun hai referencia espresa denguna al teatru, a nun ser como empresa venceyada colo cultural de por sigo; sí a la Ópera como exemplu d'industria cultural xeneradora de movimientu económicu. Fala, eso sí, d'auditoríes a la Llaboral, y d'enayenar, o polo menos, rentabilizar la T.P.A.

Nun ye un partíu que tenga historia denguna, magar qu'Álvarez-Cascos seya una persona con una percorríu políticu abondo conocíu. El partíu tien un gran enfotu rexeneracionista –yá criticáu pol P.S.O.E., que diz pela boca de Javier Fernández que nun ye pa tanto, qu'Asturies va bien– y vien a identificase coles tesis rexonalistes d'entamos de finales del S. XIX o primeros del S. XX. El casu ye saber hasta qué puntu van ser desarrollaos esos postulaos pa lo llingüístico y pa lo cultural, por toles conseyeríes y/o alcaldíes-conceyalíes, nomaes en teoría con un perfil xestor más que políticu, y en qué vamos venos afeutaos. Y nun queda más que dá-yos tiempu. La verdá que munchu peor nun vamos tar.

Dempués d'esti pequeñu periplu peles estremaes propuestes, cuando les hubiere, tocántenes a teatru de los diferentes partíos, pueden sacase delles conclusiones. La más importante ye que los asuntos referíos a política cultural, el teatru, les compañíes asturianes, la industria cultural, como nun podía ser d'otra manera, impórten-yos un güevu a la mayoría partíos. La pallabra "teatru" pues atopala unes cuatro o cinco veces como munchu xuntando tolos programes. Les propuestes tan feches dende un claru desconocimientu de la realidá na que se mueve la industria cultural-teatral. Polo xeneral –cola esceición de Foro Asturies, que tien una visión munchu más empresarial y tecnocrática– hai lo que yo nomaría visión del espectador, nunca la visión de la cultura o del fechu escénicu como axente activu de la sociedá (esto ye que s'entiende'l teatru como preséu pa la sociabilidá y l'asociacionismu, y non como un seutor profesional). Vese, dende otra perspeutiva, que, sobre too pa los partíos asturianistes, o nacionaliegos, toles propuestes sobre teatru o cultura pasen pola reconocencia de la llingua asturiana, que furrula como una especie de catalizador; lo que pa min ye un erru d'estratexa. Nótase tamién que delles de les propuestes feches son aportaciones personales, a veces ocurrencies, más o menos acertaes, que nun tienen un estudiu detrás nin una planificación seria que proponga cambios o reformes nesta estaya cultural. En dengún casu s'aporten soluciones a la esbilla de graves problemes colos que s'atopen les empreses nin los trabayadores del seutor (falta de trabayu, imaxe público de la profesión, el conflictu col amateurismu, emigración, titulaciones, despreciu polo autóctono, falta de cadarmes, esportación, alternatives de desendolque...), nin por supuestu se fala del Teatru como axente que pudiera esparder la imaxe d'Asturies pel mundu.

Y ye lo normal.

2. Del teatru asturianu pa colos partíos

La industria estrictamente teatral asturiana afítase en más d'una treintena de cadarmes empresariales, cuasi que toes de calter mui reducíu o familiar. De toesformes, esi númberu ye una barbaridá p'Asturies. Aoncéyense en dos asociaciones profesionales; Foro Escena y A.C.P.T.A. Los y les trabayadores tienen un sindicatu, la Unión d'Actores d'Asturies, que yá tuvo más movimientu y sonadía de la que tien; tamién hai xente independiente. Camiento que denguna de les tres asociaciones profesionales ficieron llegar les sos propuestes a los partíos políticos; quiciabes nun tengan denguna propuesta que facer, a nun ser, de forma parcial, dalguna a I.X., por contactu direutu; al C.U.P.X., qu'hai teatreros implicaos, o al Bloque por Asturies-U.N.A., que tamién. La industria invertebrada teatral asturiana nun foi quien a axuntase, aldericar, nin proponer alternatives de furrulamientu más allá d'un nivel personal o particular. Polo tanto, nun hai dengún reflexu na clas política al respeutu; asina entiéndese que la élite política plantegue los sos proyeutos culturales elitistes ensin cuntar con naide; entiéndese que naide sepa cómo furrula esto daveres; entiéndese que quede albentestate; y entiéndense les ocurrencies, les propuestes personalistes y de curtiu algame. Y la culpa de que'l teatru nun tea institucionalizáu, como debiere de tar, ye namái que nuesa.

El pasu que falta ye'l d'una participación xeitosa de les asociaciones profesionales nel diseñu de planes de calter xeneral de desendolque pal sector, lo que supondría un averamientu por parte de la élite política al nuesu colectivu y a la nuesa problemática, y viceversa. Visibilidá, que se diz agora. Concluímos entós que lo más reseñable pa teatru ye la propuesta d'I.X. sobre un Plan Estratéxicu Cultural, que yo centraría más nun Plan o Llei de Teatru p'Asturies; y los plantegamientos de Foro Asturies tocántenes a tener cuenta a les empreses como axentes activos del sectorcultural, pa les que va haber, según ellos, sofitu y atención institucional dende´l puntu vista empresarial, como a cualesquier otra empresa.

Eso implica aceutar que les empreses de teatru son axentes de profesionalidá, industries, cosa obvia, pero que nun paecía que tuviera mui clara. Ta pa ver.

7) Sistemes d'espardimientu del teatru a nivel autonómicu

La Conseyería de Cultura, pa llevar a cabu les sos estratexes culturales, esto ye, p'averar l'arte, el teatru, al públicu, afitóse fasta agora nos siguientes planes y aiciones.

⊥ Asturies cultural

Ye, o yera, un plan o programa que taba fechu pa cumplir l'etenru metaoxetivu, cuando nun se ye capaz de definir otru, d'averar la cultura al públicu; empobinábase a los conceyos más pequeños y tratábase de que la Conseyería punxera un tantu por cientu del costu de les actividaes culturales de toa mena que soliciten; non siempres se-yos concedía. Los xestores y programadores y/o conceyales teníen que solicitalu anualmente, colo qu'implica programar a un añu vista. Una barbaridá; la so incidencia sobre'l teatru profesional yera mínima. Agora paez ser que denguna, porque'l plan desapaeció, pueque.

⊥ Circuitu teatru profesional

Cunta con 28 espacios y ye otru programa cola mesma filosofía que l'Asturies Cultural, esto ye, un plan pa los Conceyos, non pa les compañíes nin pal públicu; sólo que más centráu na actividá teatral profesional. Una especie de sacu nel que too entra; les compañíes ufierten tolos espectáculos que tienen, y los conceyos piden lo que seya más barato pa facer les más actividaes posibles colos 9.000 € anuales que tienen comprometíos. Ye lo que más actividá xenera pal teatru profesional, pero nun algama pa caltenelu. Esti añu 2011 col cuentu de la crisis menguó un 50% el total de perres comprometíu, y pal segundu semestre'l Circuitu tuvo nun tris d'esmucise. Sigún los datos yá citaos de

Boni Ortiz (2011: 5) hubo 322 funciones contrataes pa tol añu, pa trenta y siete compañíes, y ventiocho espacios. Nun algama a una media de nueve funciones añales por compañía, nin una mensual. Y quitando'l 10 %, que son actuaciones pa grupos de fuera, que ye casi siempres el mesmu grupu,y qu'amás hai veces que traen los mesmos títulos que compañíes llariegues.

⅄ Axenda didáctica.

Dende la oficina de Política Llingüística entamóse va dos años una campaña embobinada a sofitar la enseñanza de la Llingua Asturiana nes escueles ya Institutos. Ufiértense actividaes de toa mena, musicales, teatrales, óperes... Los y les profesores piden les actividaes que consideren, y si hai presupuestu entós fáense. Ye una especie d'aniciu d'un circuitu específicu pa escolinos, afitáu na llingua asturiana. Nestos dos años échase de menos más presupuestu y pámique tenía de ser una convocatoria namái que pa empreses y profesionales, nun p'asociaciones.

⅄ Ayudes

Nunca nun se pue confundir un programa d'ayudes cola política cultural que tien de desarrollar un gobiernu; pero equí tol mundu pensamos que ye eso, incluyíu'l gobiernu. Les llinies, los programes d'ayudes son de lo más probe d'esti estáu; debemos siguir siendo la segunda autonomía o la primera perbaxu n'ayudes a la producción escénica; con toes xuntes malapenes s'algama lo que se suel dar a una compañía andaluza pa facer un montaxe medianucu. Esti añu (2011) son d'un total de 54.000 €, y l'ayuda máxima que se dio foi de 4.400 €. Ónde vas.

Pola mor de les negociaciones de L'Asociación de Compañíes Profesionales de Teatru d'Asturies (A.C.P.T.A.), llegóse a conceder les ayudes según un baremu, discutible, pero baremu, sofitáu en principios de pequeñes industries. Y fue por plantegamientu de l'asociación. Esi baremu tenía dalgún problema, por exemplu, que les compañíes con más tiempu siempres diben salir beneficiaes, contradiciendo toles polítiques que puxen pol accesu al trabayu de la población mozo, que diben tenelo complicao; ye inxusto, según eso, les compañíes moces nun podríen na vida recibir una ayuda que prestare. Tampoco figura dengún alite a la contratación de xente titulao n'Arte Dramáticu nel I.T.A.E. o la E.S.A.D., Interpretación o Direición, que sedría lo normal; o la igualdá de xéneru, aspeutos mui recomendables que recueye, por casu, Galicia, nes bases de les concesiones d'ayudes.

⅄ Comentariu:

Nun hai denguna diversificación de les ayudes, too va parar al mesmu sacu, xires, marionetes, compañíes moces, veteranes, sales, proyeutos de promoción empresarial... Lo braeramente inxusto ye'l pocu presupuestu y la miseria a la que mos empobinen a toos, compañíes, actores... Lo braeramente inxusto ye que sigamos salvando la cara a l'alministración engarriándonos ente nós por coses ruines, ensin trescendencia pal desendolque del Teatru Asturianu en xeneral, y provocaes pola probitú. Lo braeramente inxusto ye que naide quier dase cuenta de la perimportante función social que tien el Teatru, y más n'Asturies, que tresciende cualesquier mena d'estratexa empresarial. Lo braeramente inxusto ye que naide mos fai casu, nin mos lu fizo nunca, nin mos lu van facer. Pa qué.

Nun hebio hasta agora, que sepamos, política cultural, nin oxetivos cuntables p'algamar, nin nada. Más bien tolo contrario; los socesivos responsables de cultura amuesen de contino una imaxe de trunfu de la so xestión, y paez qu'eviten siempres el dicir y reconocer que somos la "vergoña nacional", la risión del estáu, no que cinca a cultura y teatru, por supuestu. Y saber, sábenlo; pero pa iguar ésto nun llanten estratexes afayadices, nun faen programes, nun se marquen oxetivos: el remediu ye'l completu abandonu; como somos munchos, que s'apañe'l que pueda. Seleición, escoyeta natural; eso equí nun tendría de valir.

La cultura ye un drechu del ser humanu, y la xente que trabaya na cultura trabaya nun serviciu públicu, anque seya d'iniciativa privada. Tienen una función social. El gobiernu y alministración asturianes tienen de ser conscientes y responsables de les sos obligaciones pa cola cultura y los sos axentes creadores y llaborales; y nun val dexalo too albentestate, que ye lo más guapo.

Hai movimientos claros qu'amuesen que vamos p'atrás. Y pémeque nesti nuesu país tan intentando camudar el conceutu de lo que ye cultura, y les funciones que tien pa cola sociedá. Eso ye perpeligroso. La cultura ye un drechu de les persones; ye dalgo que los gobiernos tienen la obligación de curiar, facer medrar y esparder. Nun esisten instituciones que n'Asturies curien del fechu teatral. Hasta fai pocu fueron les iniciatives privaes, empreses y trabayadores l'únicu motor del teatru n'Asturies, regulao por unes reglamentaciones bien probes que tresmiten el desinterés de l'alministración pola industria cultural; digo qu'hasta fai pocu, porque agora resulta que la industria cultural ye la que crea l'alministración. Y amás nun esiste otra que preste. Falo d'entidaes como RECREA, o la T.P.A., que tampoco se carauterizaron precisamente pol so trabayu a favor de la cultura o'l teatru asturianos, y falo de qu'entren nel mundín cultural asturianu como un xabaril nun maizal. Arrasen. Dengunéente. Vacílente. Güó, maquinaria.

RECREA fala d'alcuerdos coles les empreses culturales, nos que pon los medios, y les empreses el riesgu y les perres. Esto ye un arma de doble filu; tamos en crisis y cara a la galería hai qu'amosar que nun se tiren les perres. Sobre too depués de teneles tirao abondo. Per otru llau, volvemos a un furrulamientu dende'l sistema públicu talo que'l de les sales comerciales de tola vida, onde l'empresariu de sala esplotaba a los cómicos que queríen actuar. Como nos teatros del Circuitu Fernández-Arango, igual-y suena a daquién. En dellos teatrucos de la comunidá empieza a furrulase programando a cambiu de la taquiélla –que, a nun ser que seya un espeutáculu d'un solu artista, ye dafechamente imposible qu'algame pa pagar los costes de l'actuación-- ensin que los teatros asuman dengún riesgu, tol riesgu pala compañía. Fálase de perdes na xestión de los teatros, con total impunidá; podrá criticase la xestión, la política de programación, les aiciones, pero non la perda; un teatru públicu nun ye un negociu, insisto.

Nun mos escaezamos de que la cultura, y poro, el teatru, ye una responsabilidá pública, y que son los gobiernos los que tienen d'asegurar la viabilidá d'esi patrimoniu en toes les sos formes, y qu'eso nun supón que tenga que ser rentable pa les arques públiques: ye un serviciu, una inversión, non un negociu pa l'alministración –home, una sangría tampoco. Podríemos falar de tres llínies de xestión posibles: una, la del teatru dependiente de la acción gubernamental, que ye más o menos la que hubio fasta agora, y amás, con graves carencies; dos, la del teatru aparte de la acción gubernamental, que pa compañías tipu les asturianes nun ye lo más indicao; y tres, la mestura d'ambes; habría que ver en qué tanto por cientu. Toes son defendibles dende estremaos puntos de vista. El problema ye que les compañías, la industria, lleva munchos años ensin disfrutar de denguna d'elles, y ye sensible a los cambios. Concretando: la falta oxetivos, fasta agora, de RECREA na Llaboral respeutu del teatru asturianu, xunta'l caprichosu y gratuítu desaniciu de la especialidá universitaria de Direición escénica; la preferencia qu'amuesen los programadores en xeneral polos productos teatrales amateur o foriatos, faciéndolos prevalecer sobre l'actividá teatral profesional llariega, puxando y sofitando la competencia deslleal; y l'abandonu nel que ta somorguiáu'l circuitu profesional, con resultaos mui lloñe de los oxetivos pa los que se creare, conformen el xabaz esboroñe de la engurría industria cultural y teatral de la comunidá.

Per otru llau, los políticos o programadores de los que dependemos nunca nun te falen de teatru, fálente de perres. De teatru nin idea. Y falten plataformes como un Centru Dramáticu Asturianu, una industria del doblaxe, campañes de teatru pa escueles, intercambios... Falten oxetivos. Coses básiques, que n'otres comunidaes del estáu contribúin a que'l teatru y la cultura furrule, xenere trabayu y tenga'l sen que tien que tener; equí naide se dio por enteráu. Son tiempos de cambiu. Polo menos presuntu cambiu. A ver en qué para.... Yo a veces váseme la olla y digo que camude daqué, anque camude pa peor... Ye difícil...

8) Otros exemplos de políỗtiques culturales n'Asturies

1. Xixón

Xixón ye la mayor concentración d'habitantes de toa Asturies, cuasi qu'una tercer parte. El movimientu cultural que xenera Xixón ye abondo importante, ensin dubia, el más importante de toa Asturies, un cachu más que'l que xenera'l Gobiernu asturianu. (Quiciabes debía tar asitiada enantes que la Comunidá nesti pequeñu analís, pero vamos siguir un criteriu no que cinca a rangu gubernamental). El P.S.O.E. gobernó dende siempres, fasta qu'aportó'l F.A.C. nestes caberes eleiciones. Xixón ye una ciudá tradicionalmente industrial, y que desendolcó un movimientu d'asociacionismu perimportante, cuasi qu'una cultura. La Conceyalía Cultura diseñó les sos propies polítiques y programes d'ayudes nesi sen, y pa ello creó la Fundación Municipal de Cultura (F.M.C.). Nos sos entamos, creóse la Universidá Popular, un símbolu de lo que ye educación pal pueblu, qu'entá sigui furrulando con un guapu programa formativu. Siguiendo les teoríes de ciudá polinuclear, cada barriu tien los sos propios servicios, ente los que se cuenta un centru cultural. Eso ta bien en teoría, hasta que los ves y daste cuenta que mui pocos d'ellos tan pensaos pa l'actividá escénica, por exemplu.

Esiste un Plan Estratéxicu[36] de ciudá, que ta en vigor hasta esti 2011; un plan que se fizo va dalgunos años, nel que participaben asociaciones, y empreses qu'asina lo deseaben. Nós fuimos, pol sindicatu, al primer conceyu, que foi pal plan estratéxicu anterior, ya daquella, a pidir que'l Teatru Arango fuere rescatáu pa l'actividá teatral de la ciudá y del país, y nun mos fizo casu naide,

---

36   El II Plan Estratéxicu de Xixón pue atopase na web
http://www.gijon.eu/Contenido.aspx?id=22560&area=101&leng=es

claro. El Teatru Arango… Maria Antonia Felgueroso (cola que caltuvi conversaciones dende'l teléfonu públicu del Café Trisquel antiguu, por cierto, cuando foi Direutora Xeneral de Cultura, perdón, rexonal, pa que nun tiraren el Cine Capitol en Mieres, cosa qu'a la fin asocedió, normal) nun daba creitu cuando sentía aquello; proponíemos… ¡la recuperación del Arango pa l'actividá escénica! ¡Diosss! Miraba pa nós como si fuéremos marcianos. Menos mal que'l tiempu danos la razón.

Ente les conclusiones del Plan Estratéxicu, había daqué referío a Cultura: como actividaes pa sofitar la imaxe de Xixón apoyáronse eventos como'l Festival de cine, F.E.T.E.N. y la Selmana Negra, güei enforma cuestionada[37]. Como tol mundu sabe o pue imaxinar, trátase de tres eventos que nun tienen dafechu nada que ver col mundu cultural nin teatral nin xixonés, nin asociativu, nin asturianu, nin nada. Imaxe pura y dura. Ési ye l'enfotu, el plan estratéxicu, el meta-oxetivu de la política cultural de la ciudá de Xixón. A lo que podemos añadir por exemplu'l Salón del Llibru Iberoamericanu. O los alcuentros de Cagüeñes.

Siguiendo col Plan Estratéxicu, ésti parte d'un documentu que ye'l Diagnósticu Internu y Externu de Xixón[38]. Nesti documentu hai una páxina, de 112, concretamente la 98, dedicada a Cultura y Ociu. Fala, anque poquiñín, de meta-oxetivos, preseos y

---

37   La Selmana Negra convirtióse nun de los asuntos polémicos de la temporada 2011. A la nueva corporación, con Carmen Moriyón a la cabeza, paez que nun-y fae muncha gracia'l certame, y los organizadores, aliaos coles vieyes glories señardoses del vieyu poder, faen d'ello una causa con un claru trasfondu políticu y una imaxe populista de progresía, pa min mui destasada y cínica, d'oposición al "réxime". Hai munchu editáu nos diarios nestes feches --primeros d'agostu de 2011--, pero p'amuesa val un botón: pue consultase l'artículu de VALLE, R. (2011) *Los tres líderes de la oposición municipal dan el «sí» a la continuidad de la «Semana» en Gijón*, Diariu La Nueva España. 2/8/11. Uviéu: Ed. Prensa Iberica. Pue atopase en: http://www.lne.es/gijon/2011/08/02/tres-lideres-oposicion-municipal-dan-continuidad-semana-gijon/1110405.html .

38   Tamién puede atopase na web http://www.gijon.eu/Contenido.aspx?id=22560&area=101&leng=es .

programes; esto ye: fala de la función educativa que cumple la F.M.C. y U.P., de cómo s'educa a los xixoneses al traviés de la fantástica rede de centros sociales, de la saturación que tien el Teatru Xovellanos (que s'iguaría, según dicíen, cola Llaboral, en qué quedó aquello) y de les dificultaes que tienen les industries culturales pa trabayar en Xixón. Pémeque como industries culturales, ellos entienden les empreses que se dediquen a facer estos subproductos culturales agora tan de moda, tipu animación n'hoteles, museos, ya eso. (Delles vegaes dalgún conceyal, o tamién la mesma Paz Felgueroso cuando yera alcaldesa de Xixón pronuncióse nesi sen). Tamién fala de la conveniencia d'insistir nos planes educativos y nel fomentu de l'actividá artística aficionada (heriedu del pasáu, claramente, qu'escaez l'actividá artística profesional y planes de desarrollu pa industries culturales de les de verdá).

Programes culturales, ayudes

Ayudes:

Tolos años la F.M.C. convoca un bultable plan d'ayudes p'actividaes artístiques de toa mena, que suponen un esfuerciu grande pa una ciudá como Xixón. Tamién ye verdá que tan enfocaes pa una realidá asociacionil de más de 1.200 asociaciones, y que yá, polo menos nel casu'l teatru, va xenerando actividá profesional y ehí tán menos preparaos, nun hai polítiques nin presupuestos afayadizos pa esa realidá. Anque valir, valen; eso sí, valen cada vez menos, qu'hai menos perres.

"Xixón a escena"

Xixón a Escena ye un proyeutu d'intervención nel ámbitu de les Artes Escéniques que pretende sofitar la creación, la producción y l'espardimientu del teatru y la danza. Llévalu a cabo la F.M.C. y

U.P. Los programes que se vienen desendolcando fasta agora son los siguientes:

Danza Xixón:

Eventu añal d'actividaes nel ámbitu la danza. Pretende ser un puntu d'amuesa, participación y espardimientu de la danza contemporánea y la so rellación con otres artes (programa de seminarios y actuaciones)

F.E.T.E.N.

Ye una feria añal d'ámbitu estatal que tien por oxetu sofitar la producción de teatru infantil y la xeneración de mercaos. Amuesen nueves producciones y celébrense conceyos de profesionales, programadores, distribuidores y otros mediadores na producción y comercialización del teatru infantil.

Festival de Títeres y oxetos de Xixón

Programa dedicáu a la difusión de los títeres, consistente n'amueses, representaciones y talleres de formación.

Cursinos y talleres de danza y teatru

Programa de formación especializada empobináu a profesionales, estudiantes y mediadores.

Programa Teatru y Danza Escuela

Programa d'introducción y conocimientu del teatru y la danza empobináu a los escolinos de Xixón.

Programa No te lo pierdas

Programa d'espectáculos escénicos que tienen llugar nel Teatru Xovellanos y otros equipamientos de la ciudá, pa públicu infantil y xuvenil.

Programa de representaciones escéniques en Centros Municipales

Actuaciones de teatru y danza incluyíes na programación de la rede de centros municipales.

Paez muncha actividá, y hai munchos programes más, por exemplu pa los museos, pero nun ye munchu l'efeutu que tienen nes compañíes asturianes. A esi respeutu, el F.E.T.E.N., la convocatoria con más sonadía, si se quitare, nun pasaba na. Desplícome: a les compañíes, a nun ser que participen nel festival y que preste l'espeutáculu, que nun te tengan en cuenta'l tema de la llamada cuota asturiana[39], cosa que tarrecen los programadores de fuera; y que tengan la suerte de qu'a dalgún programador-y cuadre llevalu, da-y lo mesmo que'l F.E.T.E.N. se faiga en Xixón o en Manganeses de la Lampreana. Y alcordémonos de que ye una feria PA PROGRAMADORES, na qu'hai dellos espectáculos que son pa públicu en xeneral; la mayoría, non. En tou casu, ye consecuente colos fines últimos de la política cultural en Xixón: asitiar la ciudá nel mapa, salir nel telediario... Dende esi lláu, a estes altures sedría un erru nun lo siguir faciendo. Y podría meyorase y dinificase la presencia asturiana, mediante la convocatoria d'un concursu de produción anual, por casu.

---

39   Cuando falo de cuota asturiana refiérome al prexuiciu que munchos de los programadores foriatos que vienen a FETEN tienen sobre les compañíes d'Asturies; suponen que les actuaciones d'estes compañíes son la cuota que'l Festival tien de pagar por entamase en Xixón, lo que fai arrecostinar a les compañíes de teatru infantil y al teatru asturianu profesional con una imaxe de falta calidá abondo perniciosa nun ámbitu estatal.

⅄ Teatru Xovellanos

Mención aparte merez el Teatru Xovellanos, apináu d'actividaes, nun hai otru sitiu, si yá lo dicíemos nós. Un de los enfotos de la Plataforma pola recuperación del Teatru Arango, espuestu nun estudiu mui bonu qu'encargó l'Ayuntamientu y del que más llueu nun fizo nin casu, yera desconxestionar l'actividá artística del Teatru Xovellanos y que'l teatru y la cultura asturiana tuvieren otru espaciu dignu onde poder amosase, complementariu del anterior. Nun quixeron, colo que la presencia de compañíes dientro les programaciones del Xovellanos ye abondo escasa y sedrálo siempres. L'escenariu de la Llaboral nun valió de momentu pa iguar esti problema –en contra lo que dicía'l Plan Estratéxicu–, nin con Mateo Feijóo, nin con Jose Luis Moreno, nin agora; anque hai un cambiu de rellación coles compañíes, como yá s'amosó; de toes formes, el Teatru La Llaboral pertenez al Principáu y non al Conceyu de Xixón, como muncha xente piensa.

⅄ Arte na cai

Ye reseñable tamién el programa "Arte na cai" que lleva Festeyos; anque non toles actuaciones son de grupos profesionales asturianos, claro, hai de too. "Pinchos escénicos", como los noma Boni Ortiz.

⅄ Emplegu

Furruló, va unos años, con lluces y solombres, un plan d'emplegu, que xeneraba, a la fin, abondo trabayu p'actores y actrices profesionales, pa cubrir actividaes y festexos de la ciudá como l'antroxu, navidaes, etc. Magar qu'eso nun yera lo qu'entendemos por Teatru.

⅄ Nuevos Programes

Xurdió del Teatru Xovellanos una de les más importantes propuestes pa beneficiu del teatru asturianu. Un concursu pa una producción teatral, nel que dan 21.000 € al proyeutu que salga escoyíu. Esto podría ser el principiu d'una aición cultural de calter semipúblicu, que conduza a facer otru tipu producciones teatrales que pasen de dos persones nel repartu; magar que'l problema col que s'atopen les producciones ye'l del espardimientu, estaya onde'l Teatru Xovellanos nun participa.

⅄ Otres actividaes

Nomar tamién el compromisu de l'Autoridá Portuaria de Xixón, que vieno calteniendo parte de los gastos de la Orquesta Sinfónica Xixonesa, y numberoses actividaes culturales nun programa nomáu "A ver la ballena", que llego a tener cerca de cincuenta funciones na cai y que baxó a cinco esti añu. En tou casu amuesa un exemplu d'aición cultural partiendo de la responsabilidá social de la empresa pa col pueblu de Xixón. Un exemplu que podíen imitar delles empreses que contribuyeron a esfarraplar l'actividá cultural xixonesa por mor de los sos propios intereses, y que por ello tán en delda cola ciudá; falo de Corporación Dermoestética, asitiada nel Teatru Arango, y que fizo un llaboratoriu d'igües corporales, camudando un templu del cultu al arte por otru de cultu al cuerpu de la peor mena, y que por cierto, tuvo la bona ocurrencia d'inaugurar los "sos nuevos llocales" el 27/3/07, Día Mundial del Teatru, en presencia de l'alcaldesa Paz Felgueroso, de Morales, conceyal d'urbanismu, y de la fallecida Carmen Rua, conceyala d'IX, que llevaba Educación, Política Llingüística y el Pueblu d'Asturies; y falo de McDonalds, que se cargó'l Cine-Teatru Robledo pa facer una hamburguesería.

2. Uviéu

Ta claro. Ye como que lo contrario de Xixón, pa lo bono y pa lo malo. Sí hai una política cultural, la elitista, la populista. Nel Campoamor nun entra teatru. Va pal Filarmónica, felizmente recuperáu pa l'actividá escénica, sobre too l'amateur. La Temporada d'Ópera o la de Zarzuela son un bon exemplu de fidelización de públicos. Dan-yos lo que quieren, y ta bien. A los teatreros polo xeneral siénta-yos mal que se destinen presupuestos públicos pa la Ópera; ye esi requexu del corazón d'artista comprometíu cola so función social, escontra la burguesía, qué facil ye ser roxu n'Asturies; yo caltengo que tien les sos coses bones; una función d'Ópera lleva más públicu que tol teatru asturianu nun añu; ye necesario tener esi tipu de programación, y amás necesitaría xusticia por parte del Ministeriu Cultura y el restu entidaes gubernamentales a la hora de repartir les ayudes, un terciu de les destinaes a temporaes como les de Bilbao, con menor importancia artística, o al menos asemeyada. Estes temporaes tienen muncha tradición, tán perbién organizaes, son perimportantes, cada vegada aumenta la calidá de les representaciones, hai un estudiu d'averamientu a otros públicos, actividaes al rodiu de la temporada, faise un coru que quier facese profesional a curtiu plazu...xeneren munchu emplegu, pa músicos, cantantes, téunicos... y nun escaezamos que la metá del presupuestu de la temporada sácase de la venta d'entraes.

Y hai programaciones de teatru, importantes, nel Filarmónica, pero como dicía enantes, la presencia del coleutivu profesional ye mínima; ta mal visto facer del teatru un mediu de vida, polo menos n'Uviéu –y non sólo n'Uviéu.

Nel añu 2006, que gracies a los nuesos políticos y les sos xestiones aumentó en 60.000 € la dotación presupuestaria pa la temporada d'Ópera, enterámosnos que nel mesmu conceutu, aumentaren entá más la de Bilbao, temporada hermana de la d'Uviéu, ¡¡con 800.000 €!! Por supuesto que'l recursu presentáu a posteriori pa igualalo foi aprobáu pol Senáu y desestimáu pol Congresu colos votos en contra de P.S.O.E. y I.X. Y Fernando Lastra diciendo, tatexando, que'l problema mayor d'Uviéu nun ye la ópera. Ye verdá. La ópera ye una necesidá cultural, como les biblioteques.

Nun ye un problema d'Uviéu, ye un problema d'Asturies. Pero nun se pue facer batalla política d'esto, o pémeque nun convién; non tol públicu de la Ópera, que ye'l qu'agora caltién la temporada, ye del P.P., afortunadamente.

3. Avilés

Nestos caberos años la gran novedá a nivel cultural foi l'apertura Centru Cultural Niemeyer. Centru que tuvo polémica na creación, ya que tien que ver cola Fundación Príncipe d'Asturies, y el Conceyu d'Uviéu quixo que tuviere na so ciudá. A la fin fízose n'Avilés; paez que na ciudá noten l'efeutu en cuanto qu'a visites turístiques, ya eso, pero tocántenes a lo cultural llariego de momentu nun tuvo denguna repercusión, ta por ver. Y sigui con polémica, ya que nestos díes, l'ex-presidente Álvarez Areces, que tenía programao cedé-y l'emplegu del centru a la Fundación Niemeyer pa cincuenta años, vio que-y torgaben los planes dende'l Principáu, y agora la cesión correspuénde-y al nuevu gobiernu asturianu[40].

Avilés xenera actividá cultural bultable; disfruta d'un gran espaciu teatral, el Teatru Palacio Valdés, enfotáu n'aumentar

---

40   Consultar l'artículu de ALLENDE. F. (2011) *El Principado deja el Niemeyer en manos de Cascos*. Diariu La Voz de Asturias, Secc. Avilés. 13/7/11. Uviéu: La Voz de Asturias. Pue atopase en http://www.lavozdeasturias.es/asturias/aviles/Principado-deja-Niemeyer-manos-Cascos_0_516548384.html . Páxina consultada'l 5/8/11.

cada vegada más la cantidá públicu, faciendo amueses de calter llocal y autonómicu, alternándoles con otres producciones estatales "de tirón"; los centros culturales de los barrios; el Festival Intercélticu (meyor dicho, los dos Festivales Intercélticos), les Fiestes del Bollu o l'Antroxu avilesín son amueses del compromisu de la cultura y del movimientu popular col futuru y la proyección d'una ciudá que nun-y queda otra que creyer en sigo mesma.

Bono, como al restu.

9) Infraestructures. Espacios culturales. Axentes.

.''Y... ¿onde tais agora? ¡A ver cuando vos facéis famosos y salís pela tele...!''

(Popular)

⋏ Comunidá Autónoma

Per un llau, el gobiernu asturianu, col enfotu d'esparder la cultura con una fin educativo, cola llegada de la democracia, y talo que se fizo en tolos llaos, fizo construir una riestra d'espacios, cases de cultura, qu'ufierten servicios como biblioteques, actuaciones, esposiciones, conferencies... Estos espacios nel casu d'Asturies nun son valibles pa l'actividá teatral, salvando unos poquitinos casos[41]. Per otru, hai una rede museística perimportante xestionada por RECREA, como vimos; tan tamién Llaboral Ciudá de la Cultura y el Niemeyer n'Avilés. Y la xoya la corona de Carlos Madera que yera'l teatrín de la Biblioteca d'Asturies, nel Fontán, nel que nunca se fizo na hasta va pocu, qu'había cierta programación de calter infantil.

⋏ Xixón

Dispón del Teatru Xovellanos, y d'una rede centros sociales nos barrios que, pa l'espeutáculu, siguen la llinia de los centros sociales y cases de cultura d'Asturies y del Estáu; namás son valibles pa l'actividá teatral digna tres d'ellos: Xixón Sur, bien; El Llanu, bien tamién; y la Calzada, dalgo peor. Tán na llista teatros

---

41   Esiste un censu de llocales que fizo l'I.T.A.E. nel so día, nos entamos de la so xestión, unes fiches por conceyos; fue'l resultáu d'una beca d'investigación. (Fonte: Unión d'Actores d'Asturies)

del circuitu profesional. Los barrios tan bien atendíos, pero nel centru la ciudá hai un claru déficit d'infraestrctures pal espectáculu, mesmamente los programadores en F.E.T.E.N. quéxense por esi motivu. La perda d'espacios históricos de representación d'espectáculos en Xixón ye llarga y doliosa. La cabera fue la del Teatru Arango, que, como yá diximos, foi parar a una multinacional d'igües corporales.

Na rede museística de la ciudá atopamos el Botánicu, que xenera o xeneraba actividá d'animación teatral.

⅄ Uviéu

Centra la so actividá nel Teatru Campoamor, pero non pa teatru, menos dellos casos puntuales; trabayen ópera y zarzuela. L'auditoriu Príncipe Felipe ta dedicáu sobre too a la música clásica, ún de los oxetivos del Ayuntamientu d'Uviéu ye'l de ser la "capital cultural de la música" –magar qu'eso quiciabes escaecióse al nun salir alantre la candidatura d'Uviéu, nin la previa tripartita, a Capital Europea de la Cultura. Tamién ta'l Teatru Filarmónica, con mui poca presencia de teatru profesional, como yá diximos. El teatru de Pumarín malapenes tien actividá escénico, y el teatru Casino de Trubia, remocicáu, ta dientro los teatros del circuitu profesional, pero nun caltién actividá bultable.

⅄ Nuevos espacios

Les nueses ciudaes tienen l'enfotu de ser lo mesmo que les demás, na xera d'ufiertar los mesmos servicios, sobre too empobinaos al turismu. Espacios como la Llaboral, o'l Botánicu, en Xixón; el Príncipe Felipe o'l nuevu Auditoriu del Edificiu Calatrava n'Uviéu; o el Niemeyer n'Avilés, cumplen esta función.

Hai polémica tamién nesi sen col nuevu Auditoriu que ficieron en La Pola Siero. Esta función ye la de tener infraestructures faraóniques ensin conteníu previstu, pol fechu de teneles. Lo mesmo que cuando falábemos de les ayudes, nunca nun se pue confundir la creación d'un espaciu d'esti tipu cola esistencia d'una política cultural.

⅄ Teatros nos conceyos

Al rodiu'l nuevu sieglu, y como ecu de los remocicamientos de teatros fechos pol Ministeriu a nivel estatal, (que n'Asturies espeyóse na recuperación del Palaciu Valdés d'Avilés o'l Xovellanos de Xixón) hai enfotu en disponer d'espacios pa teatru, y, anque entá hai espacios importantes por recuperar, (alcuérdome del Virginia en Sotrondiu, o de dalgún teatru camudáu en discoteca) recupérense dellos teatros, cines y espacios; ente otros el de L'Entregu, la Plaza Abastos de Posada, el Teatr Carmen de Morea, el Maripeña en La Felguera, Cuideiru, Filarmónica n'Uviéu, Toreno de Cangas, Marvi de Tinéu, Vital Aza en L.lena, o'l Clarín en Sotu'l Barcu. El restu conceyos d'Asturies nun tienen práuticamente espacios que presten pa la representación. Hai qu'alcordase de la teoría de Carmen Calderón, conceyala de Cabezón de la Sal que fuere a la vez Direutora Rexonal, sí, rexonal, de Cultura de la Comunidá asturiana, que cuando se-y comentó la necesidá d'iguar una rede d'espacios afayadiza pa facer teatru, díxonos testualmente que la solución yera que les compañíes ficiéremos teatru de cai.

⅄ La Escuela Superior d'Arte Dramáticu

Aquella especie d'academia peluquería que fue la primer escuela del I.T.A.E., naquél llocal asitiáu nun entresuelu de la C/Trinidá de Xixón, onde nos engañaron a cuasi qu'ochenta persones diciéndonos que nos diben dar un títulu qu'entá nun apaeció pola mor de la desidia de los gobernantes, como yá tenemos dicho, evolucionó, tres dellos años, y dellos cambeos na direición del centru, a Escuela Superior d'Arte Dramáticu. Camudó de sede pal I.N.T.R.A. de Xixón, lo que yá yera una meyora considerable, y agora disfruta de nuevos y envidiables llocales y equipamientu nel Colexu Norte de la Llaboral; eso sí: nunca más de lo que nos merecemos. Y evolucionó, en gran medida, pola mor del enfotu de toles alumnes y alumnos qu'a lo llargo los años pasaron perellí, non por otra cosa; ellos ficieron la E.S.A.D., naide más, nun mos engañemos. Cuasi que siempres la escuela furruló ayena a la realidá de los grupos, compañíes y teatru asturianos, nun se caltuvieron collaboraciones que prestaren, nin contautos, nin oxetivos comunes. Tampoco, no que cinca a cultura asturiana en xeneral, la escuela tuvo denguna implicación académica, nos temarios nun hai referencia nenguna, o ye mínima, a lo que ye la llingua asturiana, o'l teatru fechu n'Asturies, o a la so hestoria, autores, formes parateatrales... Y la hostelería en Madrid ta caltenida por un bon grupu d'actores y actrices asturianos. Quiciabes agora seya un bon momentu pa recuperar estes rellaciones y falar d'oxetivos a algamar.

Tien delles aules onde pue representase, n'especial la Sala Casona, la única sala de tola escuela, xunta la sala Clara Ferrer, que lleva el nome de dalguna persona asturiana venceyada al teatru (autores, intérpretes...)

10) Les clases sociales del teatru asturianu. Compañíes, trabayadores, públicos.

".Y tu, ¿qué faes, amas de teatru?"

(Pablo Manzano, mayestru y miembru de l'Academia de la Llingua Asturiana, nun taxi, cuando díbemos camín d'echar una conferencia en Liexa-Bélxica)

Paez que non, pero la miseria de presupuestu que se destina pa cultura y teatru na nuesa comunidá da pa muncho. Va darréu un cálculu rápidu de cifres que puedan valinos pa referencia, a falta d'un necesariu estudiu fonderu de lo que mueve satamente'l seutor teatral profesional asturianu.

En cuántique a teatru, el Circuitu profesional calculo que puede mover en tornu a 300.000 € anuales nun añu normal, nesti caberu la metá (ca conceyu compromete'l 40% del total, l'otru 60% pónlu la Conseyería, 176.000 € nel añu 2010). N'ayudes van 120.000 €; davezu; esti añu 2011 la metá, o menos, en too.

Los ayuntamientos malapenes contraten otres funciones que nun seyan les del circuitu; El teatru Palacio Valdés y el Xovellanos sí contraten daqué aparte. Vamos poner que contraten doce funciones añales de compañías asturianes, caúna a 2.500 € de media. Total 60.000 €.

El conceyu de Xixón destinó esti añu al rodiu de 30.000 € p'ayudes a la producción y xires de les compañíes profesionales.

RECREA contrató delles funciones a compañíes asturianes esti añu; ellos cubren unos mínimos, pero los bolos son a taquiélla. Si tuvieren de cubrir el mínimu de seis compañíes anuales, taríemos falando d'unos 30.000 € como munchu, que vamos sumar, anque parte d'esi dineru amortízase cola propia taquiélla.

Pocu más hai, los ingresos por taquiélla d'otros teatros son insignificantes. Total, que'l teatru profesional asturianu podría mover al rodiu d'unos 400.000 € añales de presupuestu xeneral

–son cálculos mui perriba, insisto. Nun cuento lo que puedan xenerar los nada despreciables subproductos teatrales tipu animaciones pa museos, pal Botánico, ya eso.

Pos d'esos engurríos 400.000 €, participen en mayor o menor midía treinta y ocho cadarmes empresariales, qu'a la so vez distribúinlo ente un coleutivu d'unos cien artistes profesionales, más realizadores d'escenografía, ayudantes de direicion, directores d'escena, realizadores de vestuariu, empreses d'illuminación, sonidistes... D'esi presupuestu, págase a Facienda un 18€ n'I.V.A.; págase la S. Social de les y los trabayadores y autónomos; páguense arriendos de llocales, furgonetes pa transporte, dietes, menus del día, gasoil, teléfonos, materiales téunicos, realización de webs, marketing... Páguense comisiones a los bancos por adelantar les perres que tarda en pagar l'aliministración, por facer les transferencies a les y los trabajadores, poles tarxetes... Y les empreses deberíen llevar un tantu p'amortizar les inversiones y sacar daqué de beneficiu pa volver a invertir.

Pue vese que'l teatru profesional n'Asturies xenera, cola proverbial desatención de la que ye oxetu y colos recursos mínimos de los que dispón, muncha actividá económico, llaboral y profesional, direuta ya indireutamente. Y ensin cuntar los sueldos de los téunicos y programadores culturales, tamién trabayadores de la cultura. Igual, si se sumare, llevaríemos una sospresa.

Camiento qu'un estudiu pormenorizáu ye necesario pa saber de qué tamos falando, y p'amosar a les clares que'l teatru n'Asturies ye una INDUSTRIA tan respetable como cualesquier otra.

1. Compañíes profesionales

Lo primero: dalgunes compañíes, cuasi que toes, y dellos actores tamién, anque nun trabayen nin coman, ye como si tuvieren subvención permanente, siempre tán ehí, como si fueren parte del mobiliariu urbanu, a la vista de tol mundu. Lo segundo; l'empresariu de compañía de teatru n'Asturies ye millonariu; namás que tien que picar a la puerta la Conseyería o a la F.A.D.E. y yá ta, yá-y dan creitu a fondu perdíu tol que quiera, yo nun sé cómo nun hai entá más compañíes. Les compañíes profesionales de teatru son una iniciativa privada que cumple un serviciu públicu, que ye'l de siempre: averar la cultura a la xente. Habrá de too, pero les compañíes profesionales –nun me gusta llamales empreses, una compañía ye muncho más qu'una empresa– son los únicos núcleos que xeneren davezu actividá artística profesional bultable n'Asturies p'actrices, actores y téunicos. La profesionalidá esbrexa'l camín ente los músicos d'orquestes sinfóniques y cantantes llíricos; tamién n'orquestes, y nun me desplico porqué non en grupos musicales independientes.

Les compañíes profesionales de teatru xurden a partir del teatru independiente, a la par del cambiu de la llei d'asociaciones y la fin de la dictadura. Nel casu asturianu, son núcleos casi familiares, que llanten l'actividá teatral como'l so mou de vida. La capacidá de tener personal fixu asalariáu ye mui nueva y dase en dalguna de les compañíes de más antigüedá; n'otres, el réxime ye por bolos, tando obligaes a caltener dellos espectáculos en repertoriu pa públicos estremaos, y con diferentes repartos. Otres tienen actividá profesional, pero non como actividá económica principal de los sos miembros, quitando dellos actores contrataos, sinón como mediu d'acceder a representar dientro'l circuitu profesional de teatru. Les compañíes profesionales-profesionales tán obligaes a esparder los sos espeutáculos fuera d'Asturies pa caltener l'actividá; redes, estranxeru... cuasi que siempres pola mor de les ayudes del estáu pa xires, o pa sales alternatives. Si contamos con qu'una compañía tien de facer al menos noventa o un cientu bolos anuales pa caltener mínimamente la so actividá, Asturies nun da nin pa un 20 %, na mayor parte xenerao pol circuitu profesional.

Hai otros clientes asturianos, pero xeneren un porcentaxe menor d'actividá.

Les compañíes profesionales asturianes, ente l'aquiescencia del restu de les estayes del mundu teatral, (intérpretes, programadores...) nun cobren una factura pol so trabayu nel día nin de casualidá. Esto ye un grave problema pa munches cadarmes industriales nel estáu, que se ven obligaes a pesllar, y, poro, tamién n'Asturies; pero les industries culturales son un bien públicu con una finalidá humana, y non un proveedor de recambios d'impresora.

Agora hai na nuesa comunidá más de trenta cadarmes profesionales pa teatru, asociaes, como yá diximos, más o menos al 50% en dos federaciones: A.C.P.T.A. (Asociación de Compañíes Profesionales de Teatru y Danza d'Asturies) y la más reciente Foroescena. Lo que ye muncho, anque ta na llinia de lo que pasa nel restu l'estáu; más de mil estrenes añales, de les que munches nun se representen más de cinco vegaes.

Di tu tamién que les compañíes arrecostinen cola falta diversificación en cuantu qu'a trabayu artísticu de los actores, que nun pueden trabayar n'otra cosa – refiérome a audiovisual o doblaxe-- como sedría lo deseable. Contra peor ta la cosa, más compañíes xurden. Y anque se viven cambeos mui rápidos, y les cadarmes débiles tarden más n'afayase, y anque quede entá muncho por percorrer nel camín de la dignidá y la calidá nel trabayu, nunca nun se trabayó en meyores condiciones de tipu llaboral, y eso ye comprobable. Y asina, les compañíes camuden en productores, coles sos ventayes ya inconvenientes. Compañíes amateurs, grupos música, folk, baille, asociaciones culturales... hailes de toa mena, históriques, dalgunes con más d'un centenar d'años, tradicionales, costumistes... Ye l'actividá cultural que se caltuvo nel réxime, anque había otra mena de teatru de tipu más comprometíu ya intelectual que desapaeció.

Nesto tuvo daqué que ver el conceyu La Quintana, qu'intentaba dá-y puxu a la cultura y al teatru asturianu de denominación d'orixe allá pelos albores del XIX; muncho del so repertoriu entá se representa güei. Más p'acó, les asociaciones yeren el preséu valible pa facer teatru, previu a la profesionalidá; y sigue siéndolo y non sólo pal teatru, tamién pa la música, que, a nun ser les orquestes, nun tienen entá cadarmes profesionales, salvo dalgún casu aislláu. Agora hai n'Asturies como un centenar d'asociaciones amateur que faen teatru, xúntense bona parte d'ellos nuna organización que se noma F.E.T.E.A.S., y, contando que les asociaciones tendríen de naguar por facer coses nueves, esperimentales, yá que, en teoría nun tán amarraes a un mercáu, y pola mor de la falta educación, no que cinca a oxetivos culturales a algamar, de los interesaos y tamién de los programadores y políticos, les llendes de l'actividá asociacionil esbórrense, llegando, con ufiertes a la baxa, peragresives, a competir col teatru profesional cara al programador, y polo tanto, a quitar puestos de trabayu. Y encima mírente mal. Un de los problemes más gordos que tien el teatru n'Asturies; esto namái que pasa equí.

2. Actrices/Actores. ¿Hai profesión?

"¡¡Que quies vivir d'ello...!!"

(Clara Ferrer, nel xeriátricu Pumarín, cuando Xuan Coll y yo fuimos a intentar xestiona-y una ayuda)

L'actividá actoral siempres tuvo rellacionada col tipu furrulamientu de les asociaciones d'una forma o d'otra; bien nos grupos en núcleos rurales, o coles compañíes más nomaes de teatru costumista; cuando'l réxime, hebo otres asociaciones más contestataries, que tamién furrulaben de manera amateur, como ociu, tiempu llibre o protesta; el cambéu a la profesionalidá vieno de mano del I.T.A.E., cuando entamaron a salir les primeres xeneraciones d'actrices/actores profesionales, y que taben o foron inxertándose nos coleutivos yá esistentes (otru bon númberu d'ellos convertiéronse en lleendes urbanes, y munchos acabaron por abandonar l'actividá). Otru pegoyu del profesionalismu de les actrices/actores ye la creación en 1992 de la Unión d'Actores d'Asturies, que pocu a pocu va esbrexando, unes veces meyor y otres peor, pa iguar un marcu social y llaboral pa les actrices y actores profesionales asturianos.

Poro, les compañíes, siendo los únicos muérganos que xeneren actividá teatral, nun son p'asumir a tola xente que va saliendo de la E.S.A.D., por delles razones; una, ye complicao sobrevivir del trabayu que da una compañía; por eso, apaez la figura del o la free-lance que trabaya con delles a la vez, colo que nun hai métodu de trabayu en grupu pa les compañíes que vaiga más alló de lo que ye una puesta n'escena; otra: munchos d'estos actores y actrices yá nin se planteguen trabayar n'Asturies y direutamente garren la maleta pa onde cuadre; otra más: na E.S.A.D. nun hai contautu, nin educación --y nótase munchu-- nel sentíu d'integrar a estos profesionales no que ye la realidá asturiana; piensen, o facíen-yos pensar que'l futuru nun ta equí, que tá en Madrid, faciendo teleseries, o que les compañíes son centros dramáticos cuando son cuasi qu'empreses familiares. Nun sabemos ónde ta l'enemigu.

Polo xeneral, como reflexu de la sociedá que somos en teoría les actrices y actores, nun suel haber compromisu coles diverses causes de tipu social, a nun ser en mui poques ocasiones al traviés del sindicatu --el casu del Teatru Arango fue un bon exemplu d'esto, o la guerra d'Irak, o les convocatories d'otros sindicatos de compañeros trabayadores-- nin por supuestu cola cultura asturiana (nel I.T.A.C. o na C.S.A.D. nun se menta práuticamente nada referente al teatru asturianu, nin a la llingua; casi diría que nengún alumnu sabe prenunciar la l.l vaqueira, porque nun saben nin qu'esiste, nin naide-yos lo dixo; y que nun ye fácil atopar a daquién que sepa lo que ye un guirriu. Y de los maestros, pocos). Con esto, y ye una opinión, la utilidá que podríemos tener les actrices y actores pa la sociedá asturiana nun s'algama, tamos perdiendo esi papel vanguardista que nos correspuende no social, y vamos camudándonos, con esceiciones, claro tá, nuna especie de triba urbana, que ta na so burbuxa particular.

De toes formes les actrices y actores profesionales asturianos consiguieron ser un pegoyu fundamental del teatru n'Asturies; con munchu trabayu, cada vegada meyor calidá interpretativa y un gran méritu enfotándose n'aguantar el tirón al qu'obliga l'abandonu institucional; tienen el méritu de profesionalizar el llabor d'actriz/actor, y d'esbrexar pola so dignidá; nun ye fácil vivir d'esto equí, nun hai dengún tipu de seguridá, los trabayos son eventuales, pocos, mal pagaos y munches veces cutres. Dalgunes actrices-actores llogren sobrevivir trabayando en venti coses a la vez, colo qu'eso apurre d'agotamientu vital, de desesperanza y de falta d'enfotu nun futuru. Más llueu tá'l pan pa güei, fame pa mañana. La sociedá asturiana hai que dicir que tampoco ye que seya agora lo más revolucionario nin rebalbu de tol estáu, esclava como ye de les prexubilaciones y les ayudes estatales o europees. Como comentábemos enantes, tamién ta perdiéndose un pocu la sencia de lo que ye'l teatru nel so sen vindicativu, coleutivu, pola mor de lo comercial, lo televisivo, lo individual... Normal, claro, a quién se-y ocurre, a estes altures que'l muru Berlín yá esbarrumbó. Un exemplu más, anque suene a heavy-metal de los 80, de que'l sistema tá acabando con nós. Ye lo qu'hai.

Y lo que sí que nun hai son otros preseos pa poder trabayar d'actriz o actor que nun seya'l teatru de rexonal preferente. Y nun canso dicilo. Nun hai centros dramáticos, como nel Estáu o n'otres comunidaes, que curien del nuesu patrimoniu teatral nin de los nuesos autores; nun hai industria de doblaxe al asturianu, nin la va haber, visto lo visto, que daría munchu trabayu p'actrices y actores; nun hubo nesti tiempu producción propia de dramáticos na T.P.A.... lo que quier dicir que les compañíes tienen d'asumir esi vacíu, y nun tienen nin obligación de tener esa responsabilidá nin posibilidaes. Les compañíes nun pueden poner la cara pola falta ambición de l'alministración. Anque siéntense mui poques voces nesti sen fuera'l chigre, mira tu. Pero lo que ta mui claro, ye que, tanto actrices-actores como compañíes, quieren facer les coses bien, meyorar; y nun pueden.

3. Públicos

L'actividá teatral tien un receptor, que ye al que van empobinaes toles propuestes artístiques y, según qué productos y qué estayes de públicu, les estremaes polítiques culturales. Como datos a nivel xeneral, según una encuesta publicada pola S.G.A.E. nel añu 2005, n'Asturies ye onde menos se diba al teatru de tol estáu, precedío d'Estremadura. Un 85,1 % de la población afirmaba que nun fue nunca. N'Estremadura un 84,10 %. Los más altos n'Euskadi: un 45 % afirma tener dío, y La Rioja, con un 41,9%. Esi ye'l principal problema; magar qu'estes encuestes puedan tar feches sobre datos de taquiélles, nin el gobiernu estatal nin l'autonómicu, al traviés de la so mediocre cadarma, los ayuntamientos, nin les compañíes profesionales con 34 estrenes en 2010 son p'averar el fechu cultural a la población. Nun me paez que 322 funciones del circuitu nel añu 2010 en toa Asturies seya pa tirar voladores, por muncho que Boni Ortiz considere qu'esta cifra supón un gran aumentu. (ORTIZ, BONI. 2011: 5)

⅄   Estayes de Públicu que trabaya la Conseyería Cultura

Topámonos col problema d'una población mui atomizada, si quitamos la ería central. Importante: los planes culturales de la Conseyería, el Circuitu Profesional y Asturies Cultural cuando lu había, tan pensaos pa fomentar l'espardimientu cultural cara a los conceyos, nun hai tratos a esi nivel coles compañíes (por nun haber, nun hai nin siquier contratos). La ufierta del circuitu ye mui xenérica en cuanto a públicos; la gueta de públicos yá depende más de los téunicos de cada conceyu (nel meyor de los casos).

L'apertura del Teatru de La Llaboral con una ufierta empobinada a un públicu mui elitista, na etapa de Mateo Feijóo, foi duramente criticada y nun tuvo rempuesta del públicu acordies cola inversión. Asina foi que se camudó d'estratexa y pasóse al polo opuestu, cuando entró na programación Jose Luis Moreno, lo cuál tamién foi duramente criticáu, yá que nun s'entiende defender y xustificar la élite con aquel xeitu que lo facíen y camudalo de sópitu pol populismu más agresivu. Agora (agosto 2011) trabáyase nuna llinia munchu más racional, y cúntase con compañíes asturianes, y anque ye complicao –l'espaciu de La Llaboral ye difícil p'atropar públicu–, van algamándose resultaos y ye perimportante l'esfuerciu realizáu pa la gueta de públicos.

La Conseyería d'Educación nun tuvo nunca dengún plan pa esparder teatru, nin otres actividaes culturales pente la población escolar. Política Llingüística carez de medios abondo, lóxicamente, pa poder facer dalguna campaña de sofitu a la educación n'asturianu, o pa esparder espectáculos, yá seya teatrales o musicales.

Pero esti pasáu añu 2010 entamóse cola Axenda didáctica, una especie de circuitu pa población escolar y alumnes-os d'asturianu, de la que yá falamos enantes y qu'abulta interesante si se puxare per ello nun futuru.

⅄ Estayes de Públicu de Caxastur

Fasta agora Caxastur, que programa actividaes culturales de tou tipu (música, clásica, teatru, cine, esposiciones...) al traviés de la Obra Social, sobre too nos cuatro centros de los que dispón (FIDMA-Xixón, Uviéu, Mieres y Sama), tocante al teatru, atendía al públicu infantil y a un públicu interesao en nueves propuestes escéniques, o n'espectáculos que difícilmente se pudieran ver n'Asturies d'otra manera, cuasi que tipu sala independiente. Con munchu ésitu les dos opciones y un públicu mui fiel. Hebio cambéu na llinia de programación y pasáronse a tener en cuenta los aspeutos económicos perriba los artísticos. Atiende dos grandes llinies de públicu; per un llau, la infantil, y per otru, la de públicu adultu, más xenérica.

   ☴   Estayes de públicu nel Conceyu Xixón

Dende'l puntu vista de la cultura venceyada al fechu turísticu, Xixón suel tener ésitu nes sos convocatories; los certámenes tipu Selmana Negra, Festival de Cine, grandes conciertos de rock o pop, lleguen a diferentes públicos y cumplen perfechamente la función d'esparder la imaxe de la ciudá pel mundu. El Teatru Xovellanos tien una programación saturadísimo, y debe ser de los teatros públicos que más programen en tol Estáu. Programen actividaes pa casi toa mena públicu y mui poca compañía asturiana.

A partir del Teatru Xovellanos y la Conceyalía de Festeyos coordínense los certámenes "Arte na cai" y "A ver la Ballena", al que nos referimos enantes al falar de l'Autoridá Portuaria. Si bien na mayor parte de los casos trátase d'espectáculos de pequeñu formatu, tamién cumplen una función de la cultura venceyao al puxu turísticu.

La F.M.C. y U.P. programa al traviés de los sos centros culturales, col envís (misión) d'averar el fechu cultural al públicu, como se desplica na fueya del Plan Estratéxicu; cada centru programa en función a les necesidaes del barriu, y a les demandes d'esi públicu. Yá hubo más bayura qu'agora; prográmense espeutaculinos teatrales casi siempres de pequeñu formatu, baratu, y munchu infantil; esposiciones, conciertos de canción asturiana...

A   Estaya de públicu nel Conceyu d'Uviéu

El públicu d'Uviéu ta fidelizáu. La Ópera y la Zarzuela enllenen, que ye lo que-yos presta, ver el Campoamor enllenu. Anque tien públicu de toa Asturies. Y de fuera d'Asturies. Tamién tien munchu ésitu'l Concursu Folclor, que tamién enllena'l Campoamor. Ehí tuvi la oportunidá de ver fai unos años a Gabino de Lorenzo, actual alcalde d'Uviéu, anunciar que diba ampliase'l concursu al teatru asturianu, referíase al tradicional, y a los cuentos y monólogos. Nunca lo ví. Esta anuncia diba inxerta nun discursu nel que dicía nun entender los discutinios al rodiu de la llingua asturiana, que pueden ser delles pero que ye una, y que lo más triste que pue facer un pueblu ye escaecer la so llingua. Vilo yo. Y el Campoamor aplaudía, sorprendíu, pero aplaudía. Agora, nun hai más; el teatru Filarmónica lleva xente, dependiendo; y el Teatru de Pumarín, el de Trubia y los centros sociales tampoco xeneren actividá escénica bultable.

A   Estayes de públicu n'Avilés

Avilés dispón de dellos espacios p'actividá escénico; la casa cultura, onde siguen faciéndose coses, pero no que cinca al teatru, camudó l'actividá pal Teatru Palacio Valdés. Tamién tien actividá importante'l Centru Los Canapés, casi siempres empobinada a públicu infantil, talo que nel Centru de La Lluz. El Palaciu Valdés tien una programación ordenada en selmanes que vien repitiéndose va tiempu col envís d'averar al públicu al teatru, cosa qu'a la fin va algamándose. Selmanes de teatru fechu na comarca, fechu n'Asturies, o d'estrenes nacionales del momentu; tamién delles óperes. El Palacio Valdés ta dientro la Rede de Teatros Nacionales, como'l Campoamor y el Xovellanos. Hai tamién un festival de teatru de cai, que se fai en branu y que tien cada vegada más presencia y ésitu de públicu. Tá un poco por ver qué mena públicu va atropar el Centru Niemeyer; en principiu trabaya como recursu turísticu y ufierta espectáculos de gran formatu, conciertos...

⅄ Otros conceyos

Nos conceyos más pequeños d'Asturies podemos alcontrar de too; voi referime a tres que, pa min, son de lo más reseñable:

Un casu casi míticu foi'l del Ayuntamientu Corvera, nel que cuando la casa cultura quedó pequeña, fízose un teatru, y el teatru taba enllenu gracies a una profesionalísima y mui acertada difusión de les actividaes y captación de públicos; non sólo s'enllenaba'l teatru pa les funciones, sinón tamién la plaza d'al dellau, onde se mangaba una pantalla xigante pa siguir la representación, qu'amás, emitíase per Televisión Corvera. Impresionante; tres el cambiu políticu nel ayuntamientu la cosa camudó dafechu: Televisión Corvera peslláronla, quitaron los cartelos n'asturianu de la casa cultura, casi se carguen la Nueche de San Xuan más espectacular de toa Asturies en Tresona... ta por ver si agora pue iguase'l desaguisáu.

En Candás va munchos años vien faciéndose'l Salón de Teatru Costumista. Nun entren namás que grupos aficionaos, pero tien munchu ésitu de públicu, anque cuesta avezar a la población a dir al teatru otres vegaes que nun seyan eses. De toes formes, en Carreño ta garrando munchu puxu'l turismu, y faen planes estratéxicos, oxetivos y hasta marca turístico, (que recoyía aspectos "identitarios" de Carreño como la sardina, los megalitos, el campu o la mar, pero, paezme a min, escaecía nos logos y na presentación corporativa too aquello que fuere o representare daqué "asturiano"). Ente estes estratexes hai dos que tienen que ver abondo cola cultura y el teatru; una los mercaos clarinianos, qu'axunten artesanía, teatru y folclor... y el concursu que se fixo per dos vegaes pa la producción de la obra

Jose de Palacio Valdés, emplegándolu como preséu de promoción turística.

En Colunga'l paisaxe ye abondo distintu: destínase mui pocu dineru a la cultura; asina y too, caltiénse una actividá perimportante pa un conceyu de tres mil habitantes; gracies a collaboraciones, esponsorizaciones, y l'enfotu col que se faen les coses. Les compañíes profesionales son un poco reacies, hai demores nos pagos, cúntase munchu col teatru amateur –qu'a esos niveles ye competencia, deslleal claro–, les condiciones de trabayu son precaries, los criterios discutibles, etc. pero amuésase un trabayu perimportante de xestión qu'acabará dando los sos frutos, por exemplu, la igua del festival "Las Tres noches de Lastres", y que tendrá la so necesaria consideración.

11) Conclusiones

"Hay un criterio dominante, consecuencia de mitologías
omnipresentes en el tejido social, que considera a los
profesionales teatrales como fruto de un talento natural,
una exótica aptitud de mujeres y hombres, de un toque
imperceptible de la providencia, y no del estudio, del trabajo,
el entrenamiento y la preparación en las materias y
territorios que le son imprescindibles para su maduración y
desarrollo"

(J.A. Hormigón, presidente de la Asociación de Directores de
Escena)[42]

⅄ Qué sen tien el teatru güei

El facer teatru ye facer un exerciciu de voluntá; si nun se tien
voluntá de facelo nun se pué facer; dándo-y vueltes a esti
argumentu, facer teatru ensin voluntá de facelo (por exemplu,
namás que poles perres) ye mui triste, y amás inútilen cuasi que
tolos casos (poro, ha procurase trabayar nes meyores
condiciones posibles, neses tamos toos). Facer teatru ye crear
una realidá nueva, distinta, tolos díes, nun escenariu. L'actriz o
actor asturianos, los artistes, dende'l puntu vista social y
humanu, debieren de ser capaces de facer eso, crear una
realidá, desendolcala, puxar y esbrexar por ella; debieren tener la
voluntá y la ilusión de facer país. Hai quien lo fai. El teatru ye un
trabayu n'estinción, como si fuere una mena d'artesanía
tradicional; el formatu compañía enrrollada paez que s'acabó.
Los yacimientos d'emplegu artísticu van per otros llaos:
animaciones, subproductos, o bien centros dramáticos y sobre
too l'audiovisual, que xenera'l 90% de trabayu p'actrices y

---

42   HORMIGÓN, J. A. (2008). *Trabajo dramatúrgico y puesta en escena*, Madrid:
Publicaciones de la ADE. Pg. 76.

actores. Eso equí nun lo sabíemos, pero convién dir enterándose yá.

El teatru ye una actividá artística, cultural, que ta en rellación col so entornu, aporta humanismu, valores, crecimientu espiritual de les persones; va escontra'l pensamientu únicu, escontra la globalización del mundu. Esa ye la so misión.

Trátase d'una industria privada, pa facer un serviciu públicu, que ye la educación, l'accesu a la cultura. Güei, na so mayor parte, dependiente y utilizada pol poder.

Esa ye la so gran miseria.

Pero aparte d'eso, en condiciones normales les industries culturales xeneren alredor del 3,5% del P.I.B. d'un país; mueven muncha xente, porque tan mui caltriaes na sociedá, y mueven munches perres en conxuntu, pola mesma razón.

Díz un ruxerruxe que si desapaeciere'l teatru nun pasaria nada, y que si se prohibiere'l fútbol, entós entamábase una curiosa de xuru. Ye verdá, del teatru, y por estensión, de la cultura, namái que vive'l profesional que lo fai, nun ye daqué imprescindible pa la esistencia humana (el fútbol tampoco). Pero si s'esaniciare'l teatru, el poder diba llibrase d'un bon enemigu; porque'l poder (nel que s'inclúi'l poder asturianu) nun ye amigu de que les persones tengamos conciencia de lo que somos pola mor de la nuesa memoria como persones y sociedá.

Al poder nun-y presta na que s'empleguen los escenarios, esi sitiu tan interesante de proyeición y presencia que tantu nagüen por invadir (talo que nos teatros romanos o nos del Barrocu, cuando se poníen allá alantrones tamién pa ser vistos por tol mundu, y mesmamente como fai Gabino de Lorenzo col so palcu nel Campoamor); al poder nun-y presta la sonadía que tien lo que dicen los artistes, que suelen ser amás xente más o menos culto; al poder nun-y presta nada que se tresmita la cultura direutamente al pueblu, ensin manipulala, porque asina ye más complicao imponer el so criteriu; al poder nun-y presta que-y amuesen a les clares que les coses pueden facese munchu meyor de lo que lo se faen; al poder nun-y presta que la xente se ría de los que los oprimen, quier que-yos tengan llercia. El poder nun quier que la xente seya feliz, nun quier que la xente se ría, o que llore, nun quier que la xente s'esprese, quier que la xente tea muerta en vida dientro d'esta sociedá paternalista, na que tolo que quieras facer ye malo o ta prohibío; nagua por camudanos a toos en seres inertes, moribundos, asociales, descerebraos, manipulables. Al poder nun-y presta que sepamos que toes-os somos iguales, porque elli siéntese superior. El Teatru ye humanu, ye incómodu, ye rebelde, ye peligrosu. El Teatru trata de les persones, de la sociedá, de la xusticia, del alma. El teatru igualaría la estaya de los humanos a la de los dioses, si esistieren. Fainos trascender, meyorar. Por eso el poder, coercitivu, quier desaniciar el teatru, dexalu albentestate; y non el fútbol.

⅄   Les Industries culturales asturianes

Les industries que sofitaron el pasáu reciente d'Asturies son estatales; HUNOSA, ASTILLEROS, ENSIDESA... grandes empreses de capital estatal, pocos casos hai d'industries con capital asturianu. Agora que too eso fundió, púxase pola industria y la iniciativa privao, pero la creación d'empreses ta dos puntos perbaxo de la media estatal, y los fondos mineros nun algamen dinamizar nin xenerar trabayu. La xente cola d'equí. Venticinco mil contratos d'asturianos fuera d'Asturies l'añu pasáu. Pero ye que tamos mal acostumaos. Paez que tenemos metío na tiesta que la iniciativa privao, tamién en teatru, tien que tar subvencionada pol Estáu, que tolo tien que pagar. Nun taba mal, pero abúltame qu'esi tiempu yá pasó.

N'Asturies nun se contempla'l términu industria cultural. Menos si fales de les industries culturales que crea –o pretende– el poder, como Llaboral Ciudá de la Cultura.

A l'afirmación de que'l gobiernu asturianu y más concretamente la Conseyería de Cultura –polo menos el gobiernu d'enantes del cambiu– quier desaniciar tolo que suene a cultura asturiana, o teatru asturianu, namái qu'apurrir dellos datos: el primeru, que según datos de la Federación de Productores d'Audiovisual, n'Asturies perdiéronse más de mil empleos esti añu, pola falta atención a les productores asturianes dende la T.P.A.; el segundu, que la llingua asturiana nun ye oficial, con tolo qu'eso representa de compromisu del fasta agora gobiernu cola cultura del país; y un terceru: según la revista La Ratonera, Mateo Feijóo cobró 176.000 € añales pola so xestión nel Teatru de la Llaboral, lo que yá me paez daqué antiéticu nos tiempos que cuerren; pero lo que me paez entá munchu peor ye que se destinen les mesmes perres añalmente pal Circuitu de Teatru Profesional, 176.000 € (dos millones de les pesetes vieyes al mes), presupuestu y circuitu del que dependen cuarenta compañes profesionales y los/les sos trabayadores; allá onde se ve que ye un presupuestu miserable, enriba esti añu menguó la metá –yá lo dixi, pero ye igual–, un 50% menos frente al 5% de los funcionarios. Ye la única forma de trabayar de les compañíes profesionales, y tán faciéndolo desapaecer, y con elli, a les compañíes, que viven honradamente del so llabor; y tamién faen desapaecer puestos de trabayu de los que nun fala naide, porque nun somos el so modelu d'industria cultural, nin entramos dientro'l so conceutu de política cultural afayadiza pa esti país de nueso, que non suyu.

La idea que tenía la Conseyería sobre'l teatru y el teatru profesional, ye que, talo que fai 50 años, los trabayadores salen del tayu, les muyeres de la so casa y van facer teatru, o van cantar nun corín, pa emprimar enerxíes y tar contentinos pa dir a currar a Ensidesa o a la mina al día siguiente, o a facer les cames demientres canten "Cuatro pañolinos tengo". Esta afirmación, en tono poco seriu, pero nun por ello menos verdadera, ta afitada nel fechu que la cadarma del Circuitu Profesional (ventiocho conceyos, que tienen d'ufiertar 10 funciones mínimu al añu son 280 funciones, pa 40 compañíes, da una media de 6,5 aprox. añales por compañía, una ca dos meses, cuando sedríen necesaries polo menos ocho al mes pa qu'una actriz o actor seya un mileurista cualesquiera) nun s'adautó al profesionalismu, nin al aumentu compañíes nin de trabayadores[43]. La industria teatral y cultural asturiana ta condergada a que la traten, a que la vean, a que la valoren como daqué folclórico. Amás, dende l'Aliministración, sobre too les llocales, nun se caltién dengún compromisu de dengún tipu con esta industria, que ye responsabilidá de toos.

Asina vese como positiva y como daqué cosa normal la ufierta dafechamente deslleal que faen los grupos aficionaos de teatru, qu'arrevienten el mercáu baxando cachets, nun paguen seguridá social, esploten a los trabayadores... y qu'a dellos programadores permíte-yos enllenar una programación con productos baratos y mediocres na so mayoría. Eso, que ye'l frutu de la proverbial desatención y falta compromisu cola cultura y el teatru, nun debiera consentise de denguna forma. Esclariar que nun teo nada contra'l teatru amateur, paezme bien que se faigan coses, sinón de qué va alimentase'l teatru profesional. Pero sí lo tengo a la escontra d'un comportamientu deslleal y de la falta planificación. Sedría necesario redefinir cuálos son los fines d'una asociación cultural, pa que nun seyan empreses camuflaes. Eso, pémeque, tamién pasa con delles compañíes profesionales, que realmente nun lo son. Esto ye Asturies. N'otros llaos nun pasa.

Si lo analices dende una perspeutiva más d'historia de la política cultural dende la democracia p'acó, pue establecese lo que vien darréu: la realidá na que se mueve la industria cultural asturiana

---

43   Esti ye un aspeutu que yá denunciare la Ascociación Profesional de Compañíes nel Informe de la problemática teatral asturiana qu'asoleyo en 1990.

ye'l resultáu d'una forma de ver la cultura como dalgo elitista por parte del poder. Desplícome: al igual que nel reciente exemplu de la Llaboral, y más claro nel casu de la xestión de Mateo Feijóo, dende'l poder quixo llantase un modelu cultural ayenu, pal turista, ensin conexón col mundu cultural real, dalgo como galáutico, pue vese un procesu paecío nel momentu que se profesionalicen les artes escéniques, allá polos primeros 90. El mesmu Etelvino Vázquez, nun artículu espublizáu nun cartafueyu qu'asoleyaba l'I.T.A.E., *(Teatro/Teatro)*, atacaba dafechu la desixencia de l'alminstración de profesionalizar les asociaciones y faceles empeses pa poder trabayar con ella. Más llueu camudaría d'idea. Foi tamién un procesu entamáu pol mesmu partíu políticu, cola mesma ideoloxía neo-ilustrada, too pal pueblu pero ensin el pueblu, y que yá intentaba dixebrar una cultura oficial, elitista, representada poles compañíes profesionales, d'otra que sedría lo aficionao. Suponíase que l'alminstración diba apoyar esi profesionalismu galáuticu. El casu foi que non lo fizo, más qu'a mui poca escala. Y asina, d'eses povises galáutiques vinieron estes llamuergues.

Di tu qu'esto pasa tamién nel restu del estáu. Pero en dellos otros sitios, el Poder foi institucionalizando'l teatru valiéndose de preseos o aiciones que lu permitieron medrar daqué, el Poder prestó-y atención. Equí nunca nun se fizo na. Y el Circuitu Profesional, por cierto, creólu'l P.P., cuando Sergio Marqués foi Presidente d'Asturies. Igual teníemos d'haber entamao dende otru llau, nun sé. Pero agora tengo la impresión de que les compañíes son el fíu tontu d'una política cultural poco afayadiza. Daqué cosa tendrán que facer con nós... Futuru nun-y veo. Tamos pagando una crisis que ta eeñizando la poca cadarma que teníemos, y xuraría qu'en pasando la famosa crisis ésta, naide va preocupase de recuperar el pocu nivel qu'había (la segunda autonomía perbaxo n'inversión en teatru por habitante del Estáu), nin naide va ponese a llantar los pegoyos pa qu'esto espoxigue como tien de ser. Alcordémosnos de qu'Asturies ye, diciéndolo en sintonía cola ideoloxía de los partíos xacobinos fasta agora gobernantes d'Asturies, un barriu de Madrid; eso ye lo qu'amuesa claramente la política cultural, por nomala de dalguna forma, que se supón qu'esiste, conclusión a la que llego depués de tou esti pequeñu analís.

En cuantu al teatru n'asturianu, práuticamente lo mesmo. Vieyes fórmules. Nun se sofita nin alita, y cúntase coles asociaciones de teatru tradicional de siempres, que garanticen una bona entrada a los teatros. El compromisu de les compañíes profesionales cola cultura y la llingua nun va más allá, en xeneral, de facer tres o cuatro funciones más tornando dalguna obra del castellán, y más allá del consabíu calter folclóricu, nun hai dengún criteriu nin propuesta que valga sobro lo que foi, ye y tien de ser el Teatru Asturianu con denominación d'orixe per parte de grupos, compañíes, actores, escueles de teatru, programadores, conceyales, conseyeros nin gobernantes en xeneral. Tampocu, aparte de los intentos que fai dalguna compañía, nun hai dengún alite pa la investigación sobre´l teatru asturianu, el so presente, pasáu, futuru, dende una güeyada artística.

- Les aministraciones culturales

Anque nun seya toa, l'Estáu, les aministraciones, si tienen de tener daqué de responsabilidá sobre la cultura de los sos ciudadanos; trátase d'un bien públicu y un drechu. Y son los que tendríen de llantar dellos oxetivos p'algamar de la política cultural, valoratibles, cuntables. Y facilitar los preseos necesarios pa que laindustria cultural pueda furrular. Y desendolcar aiciones, programes, nun sen muncho más ampliu qu'agora, claro, que nun hai política cultural denguna que preste, como yá demostramos. Namái que parches.

Pa falar de Política Cultural y Teatral p'Asturies, tenemos de falar primero de política xeneral, ya que la política cultural depende de decisiones y postures polítiques. Vamos p'alló.

- La identidá

Tol mundu fala d'identidá. Les igues de los proyeutos d'estatutos autonómicos, les autonomíes del 151, el BNGa. Los asturianos tenemos claro que somos distintos, anque nun lo digamos. Hai una bona montada estos díes (Xunetu 2011) col asuntu de la utilización por parte del F.A.C. de la pallabra "país" pa referise a Asturies. A quién se-y ocurre. Pecáu. Anatema. Los partíos políticos xacobinos (el P.P.S.O.E.) tan esnortiaos. Cascos andó mui llistu pa esnortialos. Ellos, los xacobinos, que nun taben avezaos al discursu rexonalista, porque tolo que-yos importaba yera sumar númberu nel parllamentu pa nomar presidente del estáu envede puxar polos intereses d'Asturies. Ellos, que trabayaben tanto, tanto, tanto en Madrid. Ellos, colos sos flamantes diputaos y diputaes per Asturies, de los que nun m'alcuerdo más que del nome d'ún o dos, si m'esfuerzo, y como yo casi tol mundu, si non facéi la prueba.

Ellos, que vivíen felices nel so cortixu particular, ellos, nun saben qué diantre facer pa frenar la truñida del F.A.C., nun saben, non.

El tarrén taba abonáu. Son mui tristes, dan grima, delles declaraciones de los políticos asturianos de los partíos españoles, intentando confundir nacionalismu con rexonalismu o con populismu o con estrema drecha; o direutamente diciendo que'l pueblu asturianu ye mui inxenuu. El pueblu asturianu sabe estremar lo illusionante de lo que nun lo ye, y ta mui fartucu. Otra cosa sedrá en qué pare too esto.

En tolos proyectos culturales o comerciales que se faen nel día de güei, la tesis ye que la identidá ye daqué cosa pervaloratible; pa estremase de la competencia, lo meyor ye ufiertar el fechu diferencial –que-yos lo entruguen a los vascos, qu'inventaron la sidra y el vasu sidra asturianu, o a los catalanes, o a los gallegos, qu'amás nieguen la cultura asturiana nel parlamentu español (el

BNGa votó nel so día escontra la titulación universitaria pa la filoloxía asturiana, por exemplu). Pero nun mos acaba d'entrar na tiesta: Carreño, como yá diximos, fizo una campaña turística na que lo asturiano nun apaez per dengún llau –anque yo sentí al responsable de la empresa comunicación encargada de facer la campaña dicir que diben rescatar los fechos singulares de Carreño pa ufiertalos, nel logo y nun sé qué.

Xixón gastó una burrada perres pa topar una marca, una seña d'identidá, daqué cosa que la estremara d'otres ciudaes asemeyaes del Cantábricu con fechu diferencial acusáu (A Coruña, que viende mariña, la Torre d'Hércules, pulpu, ríes; Santander, que viende turismu ranciu, pih.u, antiguu; Bilbao, que nun ye turístico, pero ufierta una onda como moderna, col Guggenheim; o Donosti, que viende glamour, y más agora, que cola alcaldía de Bildu va ser Capital Europea de la Cultura). Lo qu'ufierta Xixón como marca de la ciudá ye una escultura que nun ye d'artista asturianu nin tien nada que ver nin col sitiu onde tá espetada nin cola so historia. Y eso qu'a min gústame. Y agora lo del "Gijón con sal" (nunca sal Xixón).

Llanes afita como imaxe "Los cubos de la memoria". Munchu vascu perehí danzando. Y faciendo urbanizaciones. Uviéu viende prerrománico cayendo, catedral y ópera y Woody Allen. Pa qué quies más. Avilés tien onda industrial, pero asturianiega, perguapa; quiciabes col Niemeyer yá consigan tapecer la iniciativa. Les Cuenques, museos de la mina y la siderurxa. Claro, ufierten coses muertes. En L'Infiestu, ún de los mayores atractivos ye la Feria d'Abril. Los meyores los de Nava: la marca ye la sidra. Y La Pola Siero: les folixes. Home; Somiedu, Teberga, los llugares de monte... Hailo que lo fai bien. Pero nun ye la mayoría.

Y el públicu, ¿qué piensa? ¿Qué ye Asturies pa la xente d'otres comunidaes? Un sitiu onde facer cases. Un sitiu onde se come bien. Un sitiu onde llueve y nun hai sol nin playa. Dalgo monárquico y español, polo del "Principado". Un barriu Madrid. Vamos a tomar unas sidras o una sidriña o una sidrita. Un cachu

Galicia invadíu, polo menos, dende Avilés. Un cachu Cantabria invadíu, polo menos dende Colunga. La mayor ciudá de Lleón. Un sitiu onde se fala un castellanu que nun ye correutu y llamen a los robles, carbayos. Un cachu verde, que lu pinten toles mañanes. Ah, les bronques de los mineros y d'astilleros...

Pero lo triste, ye qu'Asturies, anque quieran facenos arrenegar d'ella, tien muncha identidá. Más de la que pensamos que tien. Más de la que piensa Javier Fernández que tenemos. Y nun ye un dicir, ta demostrao. Dióse un momentu yá na democracia, cuando'l PSOE, partíu nel gobiernu daquella y cuasi que dende aquella, tuvo d'escoyer ente una política de tipu autonomista, que tendría de tener un desendolque como comunidá histórica, les del Art 151, u otra más consecuente cola xabaz reconversión industrial na que se diba somorguiar a la población asturiana. Amestar les dos tendencies diba ser peligroso, según el so criteriu; diba montase otru Ochobre-34. Decidióse garrar l'Art 143, la via lenta, como'l FEVE, colo que tolo que güela a asturianismu, amás de ser una tendencia de dreches, como'l P.N.V. o Convergencia --consultar al respeutu a Javier Fernández; y alcordémosnos que'l socialismu ye internacionalista y enrolláu, como demostró cuantayá cuando pautó cola Falanxe—, hai que desanicialo dafechu. Ún de los resultaos concretos, valga d'exemplu, ye que la llingua asturiana sigui minorizada, persiguida y ninguneada, marxinada y reprimida nos sos aspeutos más fundamentales pol gobiernu asturianu. Otru, la falta d'emplegu y de proyectos que presten pa la mocedá; otru, consecuencia, la emigración; otru, el crecimientu cero y les pirámides de población (peonces de población). Otru, l'a callar, que yo te doi la prexubilación. Otru, la falta tradición y de puxu de partíos nacionaliegos, nun hubo burguesía asturianiego que prestare; equí, industria estatal. Nacional. Otru resultáu, más en global, ye la falta d'EDUCACIÓN, de conciencia ya información sobre lo que somos, como pueblu en toles estayes de la conocencia; y otru, consecuencia del d'enantes, la falta proyeición nun mundu que, cada vegada más, ta somorguiáu na inercia de vindicar lo singular, lo diferencial, dientro d'un contestu global.

Si non, díganme entós cómo ye qu'al P.S.O.E. (F.S.A.) nun-y petó facer un proyeutu políticu que nun dependiera de la voluntá de Madrid ("Tenemos una personalidá diferenciada, pero alcontrámosnos mui bien dientro la España plural", dicía Tini Areces. ¿Y Javier Fernández, que diz que detrás de la cooficialidá hai un plan pa llantar el nacionalismu n'Asturies? Y va y dizlo en periódicu...). Cómo ye que'l SOMA y la F.S.A. tán enfotaos en facenos creyer que'l futuru tá nel retueyu de la rede industrial, como queríen vendenos en les eleiciones, y nun foron quién entá a facer un Plan Estratéxicu, nin nada que preste, pal emplegu de los fondos mineros que van acabase darréu. Cómo ye que'l P.P. fala gallegu en Galicia y lo que faiga falta onde seya, y equí dicía que l'Estatutu nun ye una prioridá pa los asturianos, que nun hai demanda social. Cómo ye qu'l.X. nun foi más belixerante nesti tema y conformóse con tar ehí arimaos nel gobiernu, que, anque nun tuvieren munches posibilidaes, ficieron llabor social, pero non PAÍS. Y los partíos nacionaliegos igual tienen plan estratéxicu, nun sé, pero paez que nun-yos presta a los asturianos, que nun los conocen. Y nun hai más; de momentu. Nun sabemos cuál ye, nin mos lo plantegamos, el nuesu papel nel mundu, nesti mundu que camuda política, cultural, humanamente falando, de contino. Nun hai PLAN ESTRATÉXICU DE PAÍS, nin proyeutu, que yo sepa, más que tar ehí abellugaos, viendo construir xalés que nun son pa nós, autopistes pa que los mozos y moces colen más rápido d'equí, trenes pa que vengan más rápido a la playa, viendo cayer la fueya de los ocalitos que ye perenne, asina, como que nun pasa nada. Un país desvertebráu, o invertebráu, nun toi seguru.

Por supuestu, política cultural, tampoco lo hai. O una, sí: la represora, que xurde del más fonderu complexu d'inferioridá y de la incultura. El gran problema que tien puxar dende l'alministración pola cultura, la llingua, el teatru, la música, too, ye reconocer qu'esiste una cultura pola que trabayar y puxar; si esiste esa cultura ye implícito reconocer que somos un pueblu con una cultura; y amás, con una cultura estremada. Y eso ye lo que la enfermedá de querer llantase nel poder y exercelu, la del anacronismu políticu, y la del complexu d'inferioridá galopante enxamás-yos dexó ver fasta agora; y d'equí p'alantre ta por ver. La cultura y el teatru, en tola so cadarma tan abandonaos a la escoyeta natural. Apañáivos.

Yo siempre digo qu'equí nun faen falta bandes armaes; van danos la independencia del Estáu español "por defeutu": van echanos del Estáu, pero por mataos.

Pos eso hai que lo iguar darréu. Hasta la U.N.E.S.C.O. lo diz... Hasta'l Llibru Blancu d'Industries Culturales d'Asturies lo diz...

• Caberos movimientos

Depués de dellos intentos d'espublizamientu, toi perfaciendo güei la cabera versión d'esti llibru, ye 6 de febreru de 2012. Hebio dende agostu novedaes bultables, col aporte del F.A.C. al los gobiernos autonómicu y llocal, en Xixón. En cuántique a cultura, poca cosa, pero lo poco qu'hubo, bien gordo. Escandaleres bien guapes. Falo de la TPA[44], del FICX y del Niemeyer.

El F.A.C. nun tenía representación nos conseyos d'alministración de denguna d'estes dos instituciones, y al igua que n'otros procesos ayenos a la cultura, la táutica ye amenazar, demostrar que nun son instituciones necesaries, y cuandu llegue'l momentu, garrar el toru pelos cuernos. Asina foi; dempués del batacazu que se pegó el F.A.C. nes elleiciones xenerales del 20-P, al mesmu día siguiente ficieron dellos nomamientos de responsables pal conseyu de la TPA. Ellos dicen agora que nun

---

44   A la fin d'esti llibru inxerté un articulín sobre la situación na TPA, que nun incluyo equí porque nun yera'l mió enfotu falar del audiovisual nesti llibrín.

quieren que desapaeza, nin la TPA nin el Niemeyer, pero a estes altures, el Niemeyer, que tuvo nun tris de zarrar, tien una programación con un presupuestu de 100.000 €, que tien un poco de tóo; demientres tantu, hai manifestaciones n'Avilés pa qu'el centru vuelva a les manes de la Fundación Niemeyer. Nun se entiende, per otru llau, que depués de la escandalera que se montó, la Conseyería encargue la xestión del centru a la empresa que creó Jorge Fdez. León, esto ye, RECREA.

De la TPA sábese poco.

El Festival Internacional de Cine de Xixón, por decisión de Carlos Rubiera, Conceyal de Cultura camudó de direutor, siendo agora Nacho Carballo quien ocupa'l puestu de Jose Luis Cienfuegos. Les xentes del audiovisual tan mui alborotaes, faen concentraciones de apoyu, cuatrocientos directores de cine dicen que van facer boicot al festival... la mió opinión, ensin entrar en profundidaes, ye qu'un nuevu gobiernu tien potestá pa facer lo que fizo Carlos Rubiera, y ye normal y comprensible, siempres que l'alternativa tenga garantíes de meyora. Y eso yera percomplicao, el nivel de la xestión de Cienfuegos taba mui altu, y la ciudadanía sábelo.

Polo demás, tocántenes a teatru, nadie movió ficha, y yá ye necesario saber a qué atenemos. Los presupuestos queden aplazaos, el circuitu profesional ta cortocircuitáu, y creo que pue dicise que les empreses de teatru profesional tan en quiebra téunica, si non toes, el 95%.

Hai elleiciones anticipaes pal 25 de marzu, yá qu'el FAC nun foi quién a sacar alantre los presupuestos, pola mor de los votos del PPSOE, y víase na obligación d'intentar gobernar col presupuestu del gobiernu anterior.

En tou esti marabayu, el teatru profesional axúntase en conceyos, el primer Alcuentru profesional entamáu por Foroescena nun sitiu tan simbólicu como'l Niemeyer; y tamién al rodiu de los Premios Oh!, premios profesionales entamaos por ACPTA. Pero pinta poca cosa; y l'asturianismu cultural en xeneral cuerre seriu pelligru de criminalización, ya que la oposición antiasturiana, sobre tou la representada por la FSA, de xuru que va contaminar la opinión pública faciendo identificar perversamente la cultura asturiana colos idegales del FAC, (que por supuestu nun ye lo mesmo) y facer disapaecer l'asturianismu cultural d'una vez pa siempres, degradándolu a asuntu menor, folclóricu y madreñil. Dígolo porque yá hebio delles intervenciones nesi sen, de Natalio Grueso y Carmen Veiga.

Yéremos pocos que parió la güela.

12) Propuestes

"Los actores tamos fechos de la materia de los suaños."

(W. Shakespeare)

Si mos plantegáramos dalguna vez qu'Asturies tien tantu drechu a disfrutar d'una Política Cultural y Teatral como'l que más, tendríemos que diseñala en consonancia colo espuesto pola U.N.E.S.C.O., sobre industries culturales, buscando una presencia de la cultura y la so industria, y un protagonismu, na vida política, que güei nun tien; valorando'l componente humanu del trabayu cultural, los sos fines; y la realidá, camudable, abierta a otros valores humanos, cultures, mestizaxe, comerciu, identidaes, y reivindicando, aceutando, desendolcando y espardiendo la nuesa propia ensin dengún prexuiciu nin complexu. Dándo-y esi "daqué más" qu'estrema'l teatru d'una mera actividá comercial.

Meta-oxetivos

Asturies tien, cómo non, les sos peculiaridaes, como sociedá; poro, los meta- oxetivos d'una supuesta política cultural- teatral tendríen de tener en cuenta cuál ye'l nuesu sitiu nel mundu. Dalgunos de los sos oxetivos podríen ser los que vienen darréu:

  ⅄   Si sabemos que les industries culturales y/o teatrales son entidaes que malamente tienen el so ámbitu d'influencia fuera d'Asturies, tendría de facese un Plan Estratéxicu cultural o específicamente teatral que-y pemitiere facer más grande esi ámbitu. Tamién creando una marca pa la cultura asturiana.

入 Institucionalizar en muchu mayor grau'l teatru y les artes escéniques asturianes. Institucionalizar, d'abaxo p'arriba; non instrumentalizar, d'arriba p'abaxo, que ye lo que ta faciéndose.

入 Na llinia de lo espresao nel famosu Llibro Blancu d'Industries culturales, potenciar la creación d'una Rede d'Industries Culturales asturianes, tipu clúster. Yá hai una esperiencia furrulando d'esti tipu, d'orde priváu.[45]

入 Una de les asinatures pendientes ye la esportación de los nuesos productos culturales y teatrales. Pa ello habría de facer los posibles pa curiar y esparder la nuesa cultura, pasada, presente y futura, nel mundu. (Atención a l'Asturies esterior, Intercambios...)

入 Faciendo un estudiu d'estayes de públicu, dixebrar y empobinar estremaos tipos de productos culturales. P'algamar una meyor educación de les persones, una verdadera democratización del fechu cultural. Gueta de públicos.

入 Oficialidá de la llingua asturiana. Básico pa too.

入 Rexeneración ética y llaboral de les diferentes estayes de la cultura. (Pagos al dia, convenios llaborales, fondos públicos de provisión...). Cambios de rellación ente trabayadores, compañíes, alministración. Trabayos en

---

45   Consultar la web www.aeiculturayocioasturias.com

comuña sobre programes culturales concretos. Interrellación de los axentes estremaos de la cultura.

Aiciones específiques

Munches; ocúrrenseme dalgunes que podríen ser les qu'esbillo darréu:

↳ En primer llugar habría de facer un estudiu curiosu y detalláu de la situación de les industries culturales-teatrales n'Asturies; un estudiu sociolóxicu de públicos, sobre llocales pa la representación...

↳ Ye pernecesaria una mayor eficiencia de la xestión económica, que podría consistir n'algamar la inmediatez nos pagos por parte de l'alministración; en remocicar dafechu'l sistema d'ayudes, según criterios del Conseyu de les Artes, contando cola diversificación y especialización de los programes d'ayuda; dotar de fondos p'ayudes a xira, producción, creitos; facilitar la negociación con entidaes bancaries, especialmente Caxastur. Reforma de la política d'impuestos, negociación del I.V.A....

↳ Tocante a la Xestión educativa ye necesaria la inmediata homologación o equiparación del Títulu d'Arte Dramáticu de los alumnos que ficieren los sos estudios enantes de la conversión del I.T.A.E. n'escuela superior col de los actuales alumnos. Tamién la reapertura de la especialidá universitaria de Direición escénica. Facer los posibles por que la Escuela d'Arte Dramáticu tenga capacidá investigadora como centru universitariu. Y, por supuestu da- y al teatru asturianu, a la so historia, testos, estilos, llingua, ya eso un tratamientu didáuticu dientro les programaciones de les diferentes asignatures. Habría de puxar pola integración de la Escuela d'Arte Dramáticu na vida real cultural y teatral asturiana, tendría d'ufrir formación de contino pa profesionales, roblando posibles alcuerdos ente alministraciones.

⋏ Investigación, caltenimientu y espardimientu del teatru asturianu con denominación d'orixe.

⋏ El Centru Dramáticu Asturianu tendría coordinase cola Academia de la Llingua Asturiana y Política Llingüística. Como cualesquier centru dramáticu tendría responsabilizase ente otres coses de montaxes de clásicos asturianos, montaxes d'autores nuevos n'asturianu, y de la investigación, caltenimientu y espardimientu del teatru fechu n'Asturies; sedría tamién responsable d'un archivu xeneral de l'actividá teatral asturiana.

⋏ La industria del audiovisual nun afeuta al teatru direutamente, pero sí que podría venceyase si s'aumenta la presencia del teatru na T.P.A.; si hai un plan p'aumentar la presencia de la creación audiovisual na T.P.A., qu'afeutaría a actrices y actores, asina como la creación de la industria del doblaxe n'asturianu. Tendría de llevase a cabo una vixilancia y desixencia del emplegu del asturianu nes emisiones, una cuota.

⋏ Ye urxente redefinir la política de collaboración institucional coles asociaciones culturales de teatru amateur, no tocante a oxetivos, ayudes, al ámbitu de los sos circuitos, y del espardimientu del so trabayu. pa que nun seya competencia deslleal.

⋏ En cuanto a la infraestructura, estudiar modelos pa una xestión d'espacios de trabayu, almacén, ensayos... quiciabes sobre otres esperiencies de compañíes residentes nel estáu.

- Igua d'un Centru de producción pública, que pue ser compatible o non col centru dramáticu, que permita facer producciones más ambicioses.

- Vixilancia de la Llei de Patrimoniu no que cinca a la industria cultural y teatral, pa que nun se repitan episodios como'l del Arango.

- Presencia n'Internet. Remanecimientu de la web Escenastur, abandonada fai años, única presencia institucional del teatru asturianu en conxuntu na rede.

Preseos:

P'algamar los oxetivos cola mayor eficiencia posible, pa la mio idea que ye urxentísimo y necesario llantar o remocicar dellos preseos, que podíen ser:

- Conseyería de Cultura

Entendía como muérganu independiente d'otres Conseyeríes. Con un plantegamientu quiciabes transversal a otres Conseyeríes ya instituciones, que permita una bona coordinación d'actividaes, trabayu en comuña...

- Conseyu de les Artes

Puesta en marcha como muérganu asesor de la Conseyería de Cultura col envís d'afitar les prioridaes culturales del país, ensin control políticu, conseyu d'artistes.

⅄ Institutu d'Industries Culturales n'Asturies

Muérganu, con recursos suficientes, qu'empobine toles rellaciones de les industries culturales / teatrales con programes financieros (ayudes, fondos, participaciones...), fiscales, archivísticos, informativos, formativos, d'espardimientu (circuitos, feries, festivales, internacional...), con material téunicu ya infraestructures (llocales, compañíes residentes...), llaborales...

⅄ Centru Dramáticu Asturianu

Muérganu de creación y amuesa d'espectáculos, dependiente de la Conseyería Cultura, que s'enfote en caltener y esparder el patrimoniu teatral asturianu, del pasáu y d'anguaño. Hai munchos modelos paecíos, a min préstame'l gallegu, por exemplu.

A nivel llocal, por exemplu, en Xixón, yo apuntaría delles aiciones concretes, amás de les equivalentes a les enantes esbillaes a nivel de la comunidá. Por exemplu, na estaya formativa, podría ufiertase endientro la proyeutada Escuela de Música Tradicional, un separtáu de teatru asturianu, que podría desendolcase en dellos sentíos: compañía estable, investigación, formación...

Podría estudiase la forma de que les compañíes profesionales de la ciudá pudieren beneficiase d'un plan de compañíes residentes, nos centros municipales con espaciu afayadizu, similar al que furrula n'otros llugares del estáu, y que permitiera valise d'eses instalaciones p'averar los sos trabayos, intercambiar, facer cursinos... integrase na vida de la ciudá.

Redefinir los planes de la FMC de Xixón al respeutu de los escolinos y les artes escéniques, les campañes d'actuaciones.

Y ye necesario dende siempres un plan de cesión de llocales pa ensayu y almacén, talo que'l Colexu Asunción de Roces ye pa los músicos.

13) ANTEPROYEUTU PA LA CREACIÓN Y PUESTA EN FURRULAMIENTU del INSTITUTU D'INDUSTRIES CULTURALES ASTURIANES o INSTITUTU DE LES ARTES ESCÉNIQUES ASTURIANES.

Intereses y prioridaes (artísticos, económicos, culturales, sociales)

Les industries culturales asturianes, como vien dicir el Llibru Blancu, tienen gran poder creativu, pero nun algamen influencia más allá del ámbitu de la Comunidá na so mayoría. El poder llanta sobre les artes escéniques el so modelu políticu y proyecta una manera de furrular alloñada de lo que ye la industria cultural real.

Asina, les artes escéniques asturianes nun tan institucionalizaes, como tal. Eso ye lo primero qu'habría d'iguase. Nos Informes a los que fici referencia al principiu demándase yá la creación d'una institución que s'ocupe de los temes referíos al Teatru y Artes Escéniques asturianes. Más llueu otres voces, como la de Boni Ortiz (2011: 6) tamién se manifiesten nesi mesmu sen.

Como dicíemos enantes, esti Institutu sedría un muérganu, que dependería de la Conseyería Cultura, enfotáu en venceyar toles rellaciones de les industries culturales / teatrales con programes financieros (ayudes, fondos, participaciones...), fiscales, archivísticos, informativos, formativos, d'espardimientu (circuitos, feries, festivales, internacional...), que xestionaría material téunicu ya infraestructures (llocales, compañíes residentes...), asuntos llaborales... En definitiva trátase crear un preséu pa potenciar la imaxe, hestoria, presencia, promoción, calidá y espardimientu de les artes escéniques en xeneral, que podría trabayar a comuña cola iniciativa privao: persones, instituciones, empreses, compañíes profesionales, artistes, otros profesionales... y que posibilitara'l so espoxigue.

Nel Anteproyeutu que vien darréu, fadráse un averamientu a lo que sedría la institución y el so conteníu, que por supuestu, pue ser completáu o reorientáu. En cuanto al articuláu, hai modelos; por exemplu, l'Institutu Catalán, o l'Axencia gallega, que me paez más afayaízu pa nós

1. Viabilidá social.

<u>¿Respuende a demandes concretes de la sociedá en materia cultural?</u>

N'esapaeciendo l'Institutu del Teatru y de les Artes Escéniques del Principáu d'Asturies (24/6/2005), creáu como muérganu desconcentráu dependiente de la Conseyería Cultura por demanda del coleutivu teatral asturianu (25/5/85); y camudáu na E.S.A.D., Escuela d'Arte Dramático, que ya esistía dientro del I.T.A.E., les compañíes, grupos y profesionales del teatru asturianu quedáronse ensin un preséu necesariu al so serviciu p'alitar, dignificar y dinamizar tolo referente a la so profesión, y pa qu'esta pueda ser disfrutada poles estremaes estayes de públicu.

<u>¿Satisfacemos necesidaes reales?</u>

Ye evidente que sí. En cuanto a la hestoria del teatru y artes escéniques asturianes ye necesario:

- ⊼ Un Centru Documentación, al serviciu de grupos, investigadores, estudiantes d'Arte Dramáticu, que-y confiera un sentíu epistemolóxicu.

- ⊼ Una Biblioteca.

- ⊼ Hemeroteca.

En cuántique a la formación de los profesionales ye necesario:

⅄ Organizar cursos, reciclaxe, formación continuada.

⅄ Biblioteca.

⅄ Accesu a la información, Internet.

En cuanto al espardimientu de les artes escéniques sedría necesario cara a les empreses de producción y distribución:

⅄ Organizar festivales, feries.

⅄ Organizar alcuentros, congresos profesionales.

⅄ Presentaciones d'espectáculos, estrenes, llectures de testos, proyeiciones...

⅄ Rellación colos medios de comunicación.

⅄ Xestionar sofitos pa circuitos d'actuaciones, collaboración con entidaes.

⅄ Presencia nos medios: programa televisivu sobre teatru asturianu.

⅄ Premios y/o beques.

Pal sofitu y dinamización de l'actividá llaboral :

⅄ Xestión de llocales pa ensayu y trabayu.

⅄ Plan de compañíes residentes

⅄ Política d'ayudes.

Llingua asturiana:

⅄ Corpus d'artes escéniques asturianes.

⅄ Bibliografía específica, material gráficu...

⅄ Polítiques específiques

⅄ Centru dramáticu.

<u>¿Ye necesario, interesante, útil?</u>

Ye evidente que sí, pa les persones que se dediquen a les artes escéniques y pa la sociedá en cuanto que meyora una estaya sustancial de la vida cultural. Y en particular, pa cada seutor implicáu; empreses, artistes, profesionales, estudiantes...

<u>¿Suple otres necesidaes que les nuestres?</u>

Les educatives, económiques, tamién turístiques, d'ociu...

2. Dimensión comunicativa

El plan de comunicación tien d'atender al contautu y esposición del proyeutu a los posibles seutores y persones involucraes; instituciones, entidaes... p'algamar la collaboración institucional; mas llueu a les organizaciones propies del sector, asociaciones de compañíes, sindicatu... pa que se faga partícipe del proyeutu: atropar sofitos d'organizaciones profesionales.

3. Viabilidá llegal

La forma xurídica que paez más afayadiza ye la de Sociedá Mesta. Dispondría d'un patronatu, con representantes de les organizaciones y entidaes partícipes, y del personal contratáu. Los llocales podríen ser los qu'ocupó la E.S.A.D., nel I.N.T.R.A. del Campus de Cagüeñes en Xixón. O tamién dalguna dependencia dientro de la que podría ser tamién sede del Centru Dramáticu Asturianu, el Teatru de la Llaboral.

4. Viabilidá cultural

Un pueblu ensin teatru ye un pueblu muertu. Les instituciones d'anguaño nun cumplen estos oxetivos, y si faen daqué ye mui parcial, aisllada y descoordinadamente. La Conseyería Cultura quita l'I.T.A.E. y nun pasa nada. La Conseyería d'Educación pieslla la especialidá de Direición d'escena y nun pasa nada. Zárrase l'Arango y nun pasa nada. Nun hai política nin proyeutu políticu en cuanto a teatru, artes escéniques o cultura que preste.

5. Analís de llendes

⅄ La urxencia cola que se tien que desendolcar el proyeutu.

⅄ La economía.

⅄ Llocales.

⅄ Escases persones implicaes na organización del proyeutu.

⅄ Escepticismu, desconfianza, aquiescencia xeneralizada del coleutivu profesional.

6, Analís de puntos fuertes

El cambiu de sen políticu. Ufrir la nuesa propuesta y trabayu. Ye posible qu'interese.

7. Asitiamientu: macro y micro:

Asitiamientu:

Micro: Xixón – Asturies.

Los llocales de la E.S.A.D., I.N.T.R.A., Campus de Cagüeñes, en Xixón: hai aules, receición, biblioteca, despachos y sales pa trabayu y representación, anque nun ye demasiao lo qu'hai.

Podría xestionase la cesión de llocales p'almacenaxe de material y/o ensayos de dalgún llocal próximu. Tará cerque de la E.S.A.D., cola qu'habría de caltener un bon contautu. Hai bona comunicación.

Xixón ye la ciudá d'Asturies que rexistra más movimientu social alredor del teatru y artes escéniques, y onde más compañíes profesionales esisten, casi toes con llocales alquilaos y poco afayadizos.

Podría coordinase l'actividá con otros centros de Xixón y Asturies, pa da-yos vida; por exemplu, el teatrín que presentó la Conseyería como de so na Biblioteca del Fontán, los llocales de Caxastur, o'l propiu Teatru de La Llaboral.

Si nel I.N.T.R.A. nun fuera posible, quiciabes nel mesmu Teatru de la Llaboral haiga espacios pa ello; amás de p'asitiar la sede del Centru Dramáticu Asturianu.

8. Alternatives estratéxiques

Si l'alministración y/o organismos a los que se llame nun participen del proyeutu, pue estudiase la puesta en marcha, de forma pausao, y autosuficiente, embaxo una fórmula d'entidá xestora, quiciabes cooperativa, o una Fundación.

9. Definición d'oxetivos

Remitirémosnos al decretu creación del I.T.A.E., tamién citáu enantes:

⅄ Ellaborar un archivu d'información y documentación d'actividaes escéniques.

⅄ Cooperar colos organismos nacionales y los d'otres Comunidaes Autónomes, que s'ocupen del teatru y les artes escéniques, y recibir datos de los mesmos, espardiendo dicha información y comunicándola en particular a los Conceyos.

⅄ Producir y afitar el trabayu de les persones venceyaes a estes actividaes y collaborar na coordinación de les que se faen na Comunidá Autónoma.

⅄ Esparder, dientro d'Asturies, los datos, ufiertes y convocatories de proyeición ya interés xeneral producíes polos correspondientes Muérganos Nacionales o los d'otres Comunidaes Autónomes.

Amás de desendolcar lo anterior, que ye abondo escueto, lo que sigue darréu:

Senciales o Xenerales:

Contribuyir a la creación, desendolque y caltenimientu de la industria cultural nel Principáu d'Asturies dende'l puntu vista de les artes escéniques.

Llargu plazu, estratexa, polítiques:

Involucrar dientro d'esti proyeutu a instituciones y entidaes interesaes, roblando alcuerdos.

Involucrar dientro d'esti proyeutu a les compañíes profesionales, actrices, actores y profesionales del teatru, danza, audiovisual, y a los coleutivos que los aconceyen.

Acercar y abrir a la sociedá'l fechu teatral y escénicu.

Metes, oxetivos de xestión específicos:

Planificación organizativa de la Sociedá Mesta, Fundación, o Xestora.

Planificación de la plantiya de trabayadores, departamentos, xeres.

Financiación afayadiza.

Otros recursos.

10. Viabilidá económica:

Según el tipu organización; pue ser pública, semipública, privada...

14) ANTEPROYEUTU PA LA CREACIÓN Y PUESTA EN FURRULAMIENTU D'UN CENTRU DRAMÁTICU D'ASTURIES

⅄ Definición.

Los centros dramáticos son preseos que l'estáu o bien les comunidaes autónomes ponen en furrulamientu cola fin de curiar del patrimoniu teatral de cada ámbitu territorial, (con variables) tantu no que se refier al pasáu, o clásicos; el presente, autores contemporáneos y tamién del futuru, mediante investigación en nueves tendencies. Trátase de crear n'Asturies un preséu hermanu a los qu'hai n'otres comunidaes o nel estáu, con calter semi-públicu o públicu, pa curiar, remanar, alitar, investigar, catalogar y esparder el patrimoniu teatral asturianu, entendiendo como talo lo que se refier a teatru asturianu "con denominación d'orixe" (formas paratetrales, autores, obres, llingua...).

Lo lóxico ye que un Centru dramáticu asturianu, por definición, acoyera'l teatru fechu en llingua asturiana o basáu en cultura asturiana principalmente[46]; el teatru o autores en castellán supónse que yá tienen el Centru Dramáticu Nacional pa cubrir eses necesidaes. Séique esti plantegamientu nun-yos va prestar a delles de les mios compañeres y compañeros, que nun trabayen teatru asturianu con denominación d'orixe la mayoría. Pero, curiáu; si entamara crease daqué paicío n'Asturies, nun tengo claro que se ficiere asina como lo plantego, namái fai falta ver la cuota d'asturianu na T.P.A., o dase cuenta de que, a la contra de toa lóxica, l'asturianu entá nun ye oficial, En fin; yo voi plantegalo dende esi puntu de vista.

---

46   Daquién pue pensar que nun esiste abondo Teatru Asturianu, no artísticu, pa poder trabayar sobre elli. A esi respeutu, consultar DÍAZ, ADOLFO CAMILO (2002, 2006). Hai amás munchos autores, estudios, tesines...

Un Centru Dramáticu Asturianu, que ye paecío a un Centru de Producción públicu, pero dedicáu al teatru y artes escéniques que tengan daqué que ver col país nel que vivimos y la so cultura, aparte de tar censaos na Conseyeria pa les ayudes. Hai esperiencies nesi sen de coproducciones de los Centros coles compañíes, siguiendo l'ideariu del Teatru Semipúblicu, o de proyeutos a desendolcar en períodos de tiempu determinaos... pueden consultase munchos modelos.

> ⅄ Viabilidá

Viabilidá económica

Como yá diximos, pue tener financiación pública o semipública; ye difícil que la iniciativa privao entre n'ello a sacu. El Centro Dramáticu Asturianu podría xestionalu un númberu pequeñu de persones; una xunta direutiva, con la preceptiva representación de los coleutivos del seutor y dalgún téunicu; tendría disponer, amás del equipamiento téunicu del Teatro, d'un fondu pa capitalizar les producciones, en sistema públicu o semipúblico, con les compañíes profesionales y les empreses que pudieran participar o collaborar como patrocinadores o mecenes.

Viabilidá social

¿Respuende a demandes concretes de la sociedá en materia cultural?

Sí, por que'l patrimoniu cultural que constitúi'l teatru asturianu, el so pasáu y el so presente, nun tá protexíu como tal patrimoniu, nin se puxa pola so producción, nin espardimientu, nin investigación...

¿Satisfacemos necesidades reales?

Ye evidente que sí. En materia laboral:

ᴧ Autores y dramaturgos.

ᴧ Compañíes profesionales (que posiblemente cambiaríen pa meyor los sos modos de producción d'espeutáculos).

ᴧ Actores, actrices. (Yacimientu d'emplegu n'Asturies, amortización d'inversión en cultura).

ᴧ Direutores d'escena, téunicos.

En cuanto al espardimientu del productu:

ᴧ Organización de festivales, feries.

ᴧ Alcuentros, congresos profesionales.

ᴧ Presentaciones d'espectáculos, estrenes.

ᴧ Sofitu pa circuitos d'actuaciones, collaboración con otres entidaes.

ᴧ Llectures de testos, proyecciones...

Teatro y llingua.

ᴧ Ellaboración y definición d'un corpus teatral asturianu

ᴧ Censu d'autores y obres.

ᴧ Archivu, Bibliografía, estudios

ᴧ Material gráficu...

¿Ye necesario, interesante, útil?

Ye evidente que sí, para los profesionales del seutor y pa la sociedá, en cuanto que meyora una parte sustancial de la vida cultural y contribuyiría a un reencadarme del seutor dafechamente necesariu y urxente.

⅄ Dimensión comunicativa

Ahora yá nun sé si podría entrar nos planes de los gobernantes, pero abúltame que'l sitiu afayadizu p'asitiar el Centru Dramáticu sedría'l Teatru de la Llaboral de Xixón; potenciaría la imaxe dinámica d'esi gran centru cultural nel que se convirtió l'edificiu, complementando les instalaciones de la E.S.A.D. y de la T.P.A., pa camudalu nuna referencia cultural, respeutu al teatru, de primer orde.

Viabilidá llegal

Sedría d'orde autonómicu, dependiente de la Conseyería Cultura del Principáu, o del Institutu d'Industries Culturales, nel so casu.

⅄ Viabilidá cultural

Los centros dramáticos son muérganos destinaos a la creación, producción y amuesa d'espeutáculos, que, como yá tenemos dicho, tienen como fin curiar, promocionar y esparder el patrimoniu cultural en cuanto qu'al teatru y artes escéniques dientro del so ámbitu territorial. La xestión pue ser semi-pública; l'espaciu propuestu (Teatru de La Llaboral) ye l'únicu de propiedá del Principáu qu'hai n'Asturies que pueda cumplir esta finalidá (tres de la perda del Teatru Arango, l'infructuosu intentu de la Conseyería de Cultura d'adquirir el Teatru Filarmónica y les poques posibilidaes del espaciu de la Biblioteca del Rosal, n'Uviéu).

Aparte de dotar al espaciu d'un importante proyeutu cultural estratéxicu, supondría un fundamental y necesariu sofitu a la creación y espardimientu del llabor de les compañíes de teatru asturianes, y de los profesionales venceyaos al oficiu teatral.

Per otru llau, pue ser compatible que'l Centru Dramáticu tenga la so sede na Llaboral cola representación d'otros espeutáculos, dientro d'unes llendes.

⅄ Analís de puntos fuertes

1. Necesidá de cambiu en sistemes de producción d'espeutáculos; dignificación y calidá. (El modelu "compañía enrollada" acabóse)

2. Yacimientu d'emplegu de calidá p'actrices, actores, direutores y téunicos n'Asturies.

3. Meyora de resultaos artísticos.

4. Imaxe y proyeición esterior del centru, y de la ciudá y autonomía.

5. Función social, en cuanto a patrimoniu cultural-teatral.

⅄ Asitiamientu:

Micro: Xixón – Asturies.

Llocales del Teatru de la Llaboral. Campus de Cagüeñes en Xixón. Hai espacios pa oficines, aules, receición, biblioteca, despachos y sales pa trabayu y amuesa.

Podría xestionase la cesión de llocales pa almacenaxe de material y/o ensayu en dalgún llocal prósimu, igual nos llocales de la antigua E.S.A.D. nel I.N.T.R.A. Hai bona comunicación. Xixón ye la ciudá d'Asturies qu'axunta más movimientu social alredor del Teatru, y onde más compañíes profesionales esisten, cuasi que toes con llocales arrendaos y poco afayadizos.

⅄ Definición d'oxetivos

<u>Senciales o Xenerales:</u>

⅄ Contribuir a la creación, desendolque y caltenimientu de la industria cultural nel Principáu d'Asturies, dende'l puntu de vista del patrimoniu teatral, pasáu, presente y futuru.

⅄ Proyeutu de política cultural del centru, definición específica de meta- oxctivos, oxetivos, aiciones y resultados a algamar.

Llargu plazu, estratexa, polítiques

⅄ Involucrar dientro d'esti proyeutu a instituciones y entidaes interesaes, roblando alcuerdos.

⅄ Involucrar dientro d'esti proyeutu a les compañíes profesionales, actrices, actores y profesionales del teatru, danza, audiovisual, y a los coleutivos que los aconceyen.

⅄ Acercar y abrir a la sociedá'l fechu teatral y escénicu asturianu.

15) DELLOS ESCRITOS Y ARTÍCULOS DE PRENSA

La escoyeta d'artículos que vienen darréu vien a amosar que poques coses camudaron dende 1993 p'acó nel mundu del teatru asturianu. Hai un poco de too, teatru, cine, sociedá, llingua... Dellos firmélos cuando yera Secretariu de la Unión d'Actores d'Asturies; apurro tamién el testu de discursos que se pronunciaron na Gala del Teatru Asturianu, tamién cuando desempeñaba'l cargu. Depués hai dalgún que firmo yo personalmente y permitíme l'aquel d'inxertar dalgún que nun foi publicáu; un foi escritu cuando'l BNGa amosó intenciones espansionistes qu'afeutaben a Asturies, y otru pola mor de les conmemoraciones del "Asturias 2008".

Espero que vos presten.

Carta abierta a Arturo Fernández[47]

La Nueva España

Estimado Arturo: no me conoces, ni yo a ti, aunque me prestaría. Tampoco tengo la suerte de conocerte personalmente, a no ser lo que de ti conoce todo el mundo, que no es poco. Ante todo, mi enhorabuena. No ya sólo por los merecidos homenajes que te hacen, sino también por tu trayectoria; no es nada fácil trabajar en teatro dignamente, con reconocido éxito, durante años, arriesgando y sin haber muerto de hambre; lo que pasa es que, por comparación, me da mucho que pensar, y por eso te escribo humildemente estas líneas. Yo, que no soy nadie, peor todavía, soy actor profesional, no sé si en realidad lo mejor es, como hiciste tú, pirar para Madrid (esto es, emigrar, que es lo que hacen por ejemplo la mayoría de los actores que salen del flamante Instituto del Teatro, la hostelería en Madrid está llena de actores asturianos) pirar para Madrid, decía, trabajar, trabajar mucho, eso sí, y luego que reconozcan en Asturies tu labor hecha fuera deAsturies, o si lo que realmente tiene mérito, o por el contrario, ye una babayada, es quedarse en Asturies; hay gente de gran valor que lleva aquí un montón de años, sin reconocimiento de nadie, luchando por el teatro, construyéndolo, como pueden, sin rendirse. No digo tampoco que lo tuyo no tenga mérito; seguro que nadie te regaló nada. No sé; un amigo mío, crítico de teatro, dijo alguna vez que la gran miseria del teatro es su dependencia de la Administración, creo que no es tu caso. Aquí, por los pueblos de Asturies, no se puede arriesgar una compañía a ir a taquilla, por ejemplo, así que la mayor parte del trabajo surge de la Administración, y además creo que debiera ser lo correcto, pero no sé; ahora hay que subvencionar al éxito, no empeñarse en entender el teatro como algo público,

---

47   Me fue del tou imposible atopar l'artículu n'Internet. Seique ye de 1992, y que pue atopase nos archivos de la Unión d'Actores d'Asturies. La fecha más probable d'asoleyamientu ye la del 27 de marzu

en que la gente tenga acceso al teatro que se hace en su comunidad, o en que simplemente se sepa que en Asturies hay actores que intentan vivir de ello dignamente. Y ye, chatín, con lo que tenemos que pelear. En realidad, pienso yo, que si lo que quieren lograr con eso de potenciar el éxito y con tanta crítica a lo público, con tanto desinterés e incluso desprecio, es demostrarnos a todos que no hacen falta, lo consiguen. Hombre, algo sí hacen, crearon una especie de circuito para compañías profesionales en el que trabajan los actores asturianos que resisten y comen poco. No hay control publico de las decisiones, la Junta asesora de las Artes escénicas no se reunió jamás; yo diría que, respecto al teatro, pueden quitar la Consejería y no pasa nada. Los actores no tenemos lo que merecemos. Merecemos a alguien, que pudiendo hacer algo por el desarrollo y crecimiento de los actores como trabajadores del teatro, lo haga. Pero Asturies ye un mundín piquiñín, y ye lo que hay. De todas formas, ellos suelen durar unos cuatro años, y nosotros seguiremos aquí. Pero seguro que nadie nos va a hacer homenajes. Yo siempre digo que hailos famosos y hailos tristemente célebres.

La izquierda y la política cultural [48]

Revista La Ratonera, n°1

Hace pocos días tuve la oportunidad de leer en un diario un espléndido artículo del señor presidente del Principáu, en el cual, entre otras cosas, analizaba las relaciones entre capitalismo y democracia, de cómo aplicar criterios de izquierda en política empresarial en un entorno neoliberalista, o de cómo el capitalismo y el crecimiento económico deberían revertir en el global de la sociedad.

A partir de este contexto, con la visión y la modestia del que no se considera político, sino un actor que pretende vivir dignamente de su trabajo, intentaré relacionarlo con el que creo que debe ser el papel de la izquierda al respecto de la política cultural, más concretamente teatral que es la que más conozco, si bien los principios serían bastantes similares; intentaré hacerlo asimismo como creo que debe ser: de abajo hacia arriba. Partiremos del artista, como sujeto agente de la cultura; a los trabajadores de la cultura se nos ha planteado un serio problema con esto del concepto de la cultura en el neoliberalismo que nos toca; muchos de los artistas encuentra contradicción, un tanto romántica, pero respetable, entre serlo (según la RAE; artista: persona que ejercita el arte) y vivir de su oficio (artista, según la Seguridad Social: actores, bailarines, músicos, cantantes, líricos, directores, etcétera). Para mí no lo debe ser, creo que es compatible, pero otros no piensan lo mismo. Si esto es así, es fácil deducir por qué la sociedad en su conjunto no entiende que un artista es un trabajador, aunque lo sea. No sólo eso; el artista, en el neoliberalismo asturiano, se le ha obligado a convertir su

48   CAAMAÑO, ANTÓN. (2000), La izquierda y la política cultural. Revista de teatro La Ratonera, no1. Xixón: Oris – Revista la Ratonera. Pue atopase en http://www.la-ratonera.net/numero1/izquierda1.html.

Páxina consultada'l 7/8/11.

trabajo en una opción, no proletaria, sino empresarial, el único remedio para subsistir; la iniciativa privada en cuanto al arte y espectáculo supera con mucho las opciones públicas de empleo que no las hay; vamos: en Asturias no hay manera de ganarse la vida de actor si no se es actor-empresa, no doblaje, no TV, no cine, no centros dramáticos, 16 empresas de teatro en Asturias, más que en todo Castilla-León y menos trabajo, claro. Contradicciones del actor-empresa: contratar actores-proletarios y no poder pagarles como es debido; dos: crear un producto cultural competitivo en el marco estatal, con muchos más problemas que las empresas del resto del Estado, por falta de recursos y ayudas; tres: que la Administración asturiana, desgraciadamente principal cliente del artista, o del actor-empresa asturiano, no asume que las empresas de espectáculos son yacimientos de empleo, generan trabajo y altas en la Seguridad Social igual que cualquier otro, y que puede beneficiarse ella y toda la sociedad asturiana de una política cultural con objetivos claros, y de su correcta proyección y difusión, cosa de la que está muy lejos. (Como ilustración de esto último, el otro día una amabilísima funcionaria de la Conseyería de Cultura me explicaba que el teatro no era un trabajo, que era un hobby).

El Principáu es otra cosa, porque hay aún muchas carencias, pero, en principio, en el conceyu de Xixón hay de todo: una Administración cultural compleja, organizada a través de la fundación, los Centros de los barrios, Festejos y el Teatro Jovellanos, bastante pobres, pero útiles, se echa bastante de menos el poder utilizar el teatro Arango; hay empresas de teatro asentadas en la ciudad, con más actividad de la posible; un tejido asociativo completísimo y envidiable por cualquier ciudad del Estado, agrupaciones de élite en todos los campos, y artistas, y artistas-proletarios.

Con todo esto, creo que la política cultural a nivel global es un poco caótica, se difumina y pierde entre pasillos, despachos, programaciones paralelas, planificaciones, todas sin un criterio común; existen disfunciones en cuanto a programación de actividades, ayudas, personas; el presupuesto destinado para programar actividades culturales en los centros fue drásticamente reducido a 90.000 pesetas al mes, cosa que afecta muy directamente a la contratación de empresas asturianas de espectáculos ypor tanto al trabajo de los actores; que sigue tendiendo, en contra de lo fomentado hasta ahora, a contratar actividades de muy bajo cachet, la mayor parte amateur; el Jovellanos no se destaca por tener un gran porcentaje de actuaciones de teatro asturiano en su programación, este verano, una; las infraestructuras no están acordes con el movimiento cultural generado por asociaciones y empresas; la utilización del teatro de la Universidad estará reservada para espectáculos de otra categoría, y el teatro Arango sigue ahí, pudriéndose; hace dos años se separaron las ayudas para colectivos profesionales del teatro del resto de las ayudas, entendiendo que debería tener un tratamiento especial; este año se redujo su cuantía, incluso por debajo de las de algunos grupos amateur, ya reducida de por sí. Creo que directamente la política cultural debe orientarse, en el caso del asociacionismo, a seguir fomentando ese envidiable tejido asociativo que existe en Gijón, como se hizo hasta ahora y, a continuación, al desarrollo de los agentes que generan trabajo, empresas en al caso del teatro, por ejemplo, mediante convenios; eso más o menos se puede venir haciendo, pero sin un criterio claro que dé salida a las actividades; la diferencia que pienso que marcaría una política de izquierdas es por un lado la transparencia y democratización de la gestión cultural, y por otro, entender al trabajador, actor o artista, como el auténtico protagonista y destinatario de esa política, donde en definitiva debe revertir, (además de en el espectador, claro está) a nivel general, en un planteamiento desde la izquierda dentro del neoliberalismo, no creo que deba ser la Administración quien tome la iniciativa empresarial directamente, sino que debe posibilitar que la cultura tenga su correcto desarrollo como yacimiento de empleo a través de los agentes que generan esa actividad, y en función del trabajador, controlando el efecto de la política cultural sobre el mismo; y se debe vigilar para que no suceda como en políticas de derechas, que el fin de la cadena sea el empresario o intermediario, que la Administración delegue caprichosamente, enciertas personas, o determinadas empresas allegadas a afines, potenciando únicamente el enriquecimiento del empresario en cuestión, de lo cual hay bastantes ejemplos.

Quiciabes munchos d'ustedes nun sepan cómo fue que la Unión d'Actores d'Asturies entamó a furrular; ello foi nel 92, dempués de que Vicente Aranda rodare "Los jinetes del Alba". El casu ye que nos llamaron pa facer de figurantes, mira tu. Fuimos p'alló unos cuantos, con tala suerte nos mandaren facer una escenuca xunta actores perconocíos, el Jorge Sanz y el Wyoming, ente otros. Llegaben los fachas, tábemos ellí tan tranquilos, bebiendo sidra nun merenderu, nun quiximos cantar el cara'l sol, que yera lo que nos mandaben los fachas y entamé, en bona hora, a cantar la Internacional; llegó p'alla'l Wyoming, pegóme un par de tiros, morrí ellí mesmo y Rosina Merás la probe tenía un disgustu que nun veas. Quedó tol mundu percontentu cola escenuca, oye. Llamárenme pa figurante, y, claro, cobré como tal. Fueron cuatro mil pesetes por una escenuca llarga, con dos cantares, testu, y amás con corte de pelo incluyíu, que tamién se paga, enteréme más llueu. Non too foi malo; quedóme l'aquelli de, polo menos, pa una vez que sales en cine, morrer siendo consecuente coles tos idees, cantando la Internacional y dándolo too.

Pos foi asina: fuimos darréu pa Madrid, dexáronnos los estatutos de la Unión d'Actores pa facer unos de nuesu, y manes a la obra. Muncha xente incondicional, munchu tiempu, munchu cariñu, munchos conceyos, munchu trabayu pa facer xurdir aquello de la nada, que bien ceo entamó a dar frutos; a tar ellí onde fuera mester, a facer coses, unes bien y otres peor, les que bonamente podíemos, ensin un duru, pero sobre too, con eso que pémeque ye fundamental pal teatru y pal actor; voluntá de facer coses y conciencia de coleutivu. Y asina llevamos ocho años y pico. Pasó muncha xente, quemazos y munches coses, normal; pero la última ye que como munchos d'ustedes sabrán, vinieron a rodar

---

49   Fonte: Unión d'Actores d'Asturies - Antón Caamaño. Lléio na I Gala del Teatru 2000, Teatru de La Felguera.

fai bien poco, y queríen pagar a los actores asturianos perbaxo'l conveniu; protestóse, díxose y ente unos y otros, consiguióse que se pagara lo que tenía que pagase, en dellos casos, con diferencies de dellos cientos de miles de pesetes. Nun ye pa echanos flores, ye pa lo que tamos; ye que, recordando les cuatro mil pesetes de "Los Jinetes del Alba", y viendo esto último, pémeque les coses cambiaron un poquiñín. Esti sindicatucu de detrás del monte, piquiñín, muncho o poco, mal o bien, meyor o peor, p'allegría y gayola d'unos y pa murnia y tristura d'otros, furrular, furrula.

Va dalgún tiempu que la Unión fixere una galuca del teatru; nun ye por menospreciar ésta, yera otra cosa, pero foi bien prestosa y entrañable; diéronse unos detalles tamién, como menciones honorífiques a les xentes del teatru asturiano y la única nota negativa punxérala l'impresentable del secretariu xeneral de la organización, equí presente, cuando esfarraplando tolos bonos xeitos de comportamientu, esguazando l'encantu d'aquel momentu, y esboroñando entá más la imaxe pública del mesmu secretariu, cuando taba metanes del escenariu, renunció dafechu a falar al respetable, non por nada, pero nun fui quién.

Al secretariu xeneral prúye-y vengase de si mesmu, y entós, enfotóse decididamente en superar aquella bochornosa situación y güei, dentro los finxos d'esta gala, nun va dexar pasar la oportunidá que se-y brinda pa dicir unes cuantes coses. Y va diciles nesti escenariu, porque piensa que l'escenariu ye'l sitiu de los actores. L'escenariu ye un sitiu de poder.

L'actor tien ún de los llabores más fermosos que pueda haber, el d'actuar y tresmitir coses a quien quiera escuchales; ye por ello que, dentro'l teatru, el direutor, les compañíes, l'escenógrafu, el lluceru, y fuera del teatru, los programadores, los políticos, toos, quieren quitá-y al actor el so sitiu nel escenariu. Quiero reivindicar, güei, na gala del teatru, el papel fundamental y protagonista del actor en tolos actos de creación escénica. Somos la materia prima. Somos persones y trabayadores por cuenta ayena. Y quiero aprovechar esti escenariu pa recordá-ylo a tol mundu.

Lo primero, como sindicaleru, al empresariáu. Nesi sen, anunciar que la Unión d'Actores d'Asturies ta trabayando nel anteproyeutu d'un conveniu pa teatru n'Asturies. Que fai falta. Fai falta que caún tenga la so responsabilidá, y non pa engarriase, sinón pa construir, nesti casu, la realidá y el futuru del teatru asturianu, enriba unos pegoyos que tean bien llantaos.

Y non sólo n'Asturies; llégame qu'en conceyos de la federación estatal d'empresarios col ministeriu, dalgunos d'ellos, los más poderosos, tán puxando pa camudar el réxime de los artistes, como sabéis, trabayadores por cuenta ayena, ya inxertalos como autónomos na seguridá social. Eso ye mui grave, y perehí van los tiros, el gobiernu de dereches y l'empresariáu, (el mesmu empresariáu que nun quier pagar a les muyeres cuando tán preñaes, l'empresariáu con poder, non como'l qu'hai equí, pa lo bono y pa lo malo), ellos, tiénenlo perclaro, y tendríemos de tar preparaos por si hai de retrucar semeyante barbaridá.

Quiero recordá-yos tamién cuál ye'l nuesu papel a les productores d'audiovisual. La Unión d'Actores d'Asturies, y a nivel estatal, la Federación d'Actores va siguir defendiendo los drechos de los actores y denunciando los incumplimientos de conveniu y abusos que sistemáticamente se producen. Tamién, dientro l'audiovisual, y equí n'Asturies, siguirá puxando pola creación de trabayu dignu na futura TV autónoma, si ye que se fai, que creemos que sí, dientro les estayes de producción propia y del doblaxe al asturianu.

Y nun se rían. Sepan ustedes que los actores, el 90% del trabayu que tienen, lo xenera l'audiovisual; del teatru malamente nun se vive; a quién se-y ocurre a estes altures vivir del teatruA los programadores de teatru d'Asturies, esta xente qu'hai perehí, y de la que'l teatru y, poro, el trabayu de los actores depende direutamente, pidi-yos que s'involucren, que seyan corresponsables y que se comprometan en conocer esta actividá, en sofitala y n'espardela, ensin que medien enfotos o intereses que nun seyan el construir esa realidá pola que naguamos n'Asturies, que nun ye otra que la de la dignidá d'esti oficiu secular.

A los políticos, dicí-yos que tán mui bien estes gales nes que tol mundu fala, ríise y pásalo perbien, pero que lo que ye necesario ye un compromisu real pa colos actores. Que ta perbién tener esti circuitín de teatru, pa trabayar un poco, pero que nun se queden namás que neso. Que se dexen de guerres intestines y nos fagan una televisión que preste onde podamos trabayar; a ver qué pasa colos teatros públicos; intercambios; que se faga universitariu'l títulu d'Arte Dramáticu d'una santa vez; que pongan voluntá y perres, como n'otros sitios, pa xenerar trabayu; que tengan conciencia de la nuesa esistencia como persones que comen y como profesionales que trabayen, que fasta agora, nun la hai. Queden munches coses por facer pa normalizar el trabayu de los actores n'Asturies y pa nun los empobinar direutamente a poner copes en Madrid.

Prestaríame falar a los collacios actores, y non pa dar lleiciones, que yo nun soi naide, yo soi un actor. Equí hai pa tol mundu. Quiciabes, nesti mundu globalizáu, impersonal, y cada vez más individualizáu nel que tamos, nel que les tesis de la izquierda tán tan mal vistes, quiciabes un arte como ye'l teatru nun tenga sitiu. Pémeque'l teatru ye un arte que depende non tantu d'ún individuu, sinón d'un trabayu y un enfotu coleutivu. Y ensin tener esa conciencia de llabor coleutivu, ye complicao qu'un proyeutu aporte a bona fin. Pa los actores pémeque ye difícil, por esi ego y vanidá que, a veces inxustamente, se mos achaca, y tamién por esa visión cimera del individualismu; pero ye pernecesario, pal teatru como oficiu práuticamente n'estinción, y pal actor como trabayador, xuníse y puxar. N'Asturies quiciabes teamos viviendo un puntu d'inflexón. Y na aldea nun mos enteramos de munches coses; nel mundu la telemática y la comunicación, el Puertu Payares sigue siendo'l Puertu Payares. Seguridá social, convenios, drechos d'emisión sobre los trabayos n'audiovisual, teatros públicos, hai munchos alderiques y frentes abiertos. Tenemos de defender el nuesu sitiu. Y l'escenariu ye nuesu, de los actores. A ponese les piles.

Falando d'escenarios; recordar a tol mundu que sería aberrante nun recuperar pa l'actividá escénica'l Teatru Arango de Xixón, recordá-ylo al Ayuntamientu de Xixón, a la Conseyería, a Presidencia, a Caxastur y a tol mundu; nun mos podemos permitir perder esi espaciu cultural de primer orde. Pa ello la Unión d'Actores fexo una Plataforma de defensa del espaciu, a la que puede soscribise xente, en vivo y en direuto, y amás n'Internet, na páxina que tantes hores-y llevó a Jose Miguel. A quien seya: Salvái'l Teatru Arango.

Yo soi un actor, y nun me presta tanto dir soltando perorates perehí como actuar, que ye lo que sé facer, meyor o peor; entós, por estensión de lo de la película que-yos cuntaba enantes, que morría siendo consecuente coles mios idees, dándolo too y canciando la internacional, pruyíame aprovechar esta inmeyorable ocasión pa despidime del cargu de secretariu xeneral (quitando'l casu hipotéticu ya improbable d'una reeleición) y quería facelo dende una visión personal del nuesu mundu; quixi tamién dicilo n'asturianu, que pa min ye una forma pernatural y bien prestosa d'espresase, y políticamente, arremetiendo escontra too, como pémeque tien que ser. Por ello, pido que'l discursu s'entienda dende la humildá; tamién quiero dar les más sinceres gracies a tola xente qu'apoyó y confió nesti proyeutu de la Unión d'Actores d'Asturies, lo que permite, ente otres coses, que güei teamos equí, nesta gala del teatru, y que sigamos participando, dende'l respetu y la crítica, n'años venideros.

Perdonái lo estenso del la perorata; yá valió. Gracies.

Discursu *Gala del Teatru,* añu 2001 [50]

Nun quixera repetime; nun ye que vayan toles coses bien, nin del too mal, nin que cambiare munchu del añu pasáu a ésti; pero, en fin. Yo, de lo que tengo visto, que tampoco ye tanto, dixebro n'Asturies tres grandes clases d'actores, qu'agora conviven; una, la que conocí lo primero, ye l'actor heriedu del teatru independiente; casi siempres miembru d'un grupu qu'entiende'l teatru como un llabor d'artesanía; y que mayormente nunca nun vivió del teatru, anque sí tien un claru amor por ello y muncha voluntá de facelo, amás de ciertu inconformismu ya cierta ideoloxía, en xeneral. La segunda clas xurdió cola apaición del ITAE; aquella, lo que fizo y lo que vien faciendo ye colar pa Madrid a la primer vuelta; ye en Madrid onde hubo profesión y siguirá habiéndola, sobre too en chigres; pero dalgún quedó equí, y decidió arriesgar y facer teatru bien dientro de dalguna empresa, o bien pola so cuenta; l'amor y la voluntá de facer teatru ye perclara; tuvo qu'engarriase con tolos collacios de profesión, si ye que la había, porque tolo nuevo, si esiste, ye porque sobrevivió a la llucha que tuvo con tolo esistente hasta'l momentu en qu'apaez. La tercer mena d'actores yá nun ye xente qu'amuese ideoloxía como bandera, sinón que, cenciellamente, quier vivir del oficiu d'actor, xente independiente, ensin integrase en denguna corriente ideolóxica nin artística. Sobrevivir, cosa que nun ye fácil. La cosa resaltable ye que vindica l'oficiu d'actor como tal. La evolución en 10 años ye pergrande; fai 10 años nomaos profesionales de güei defendíen la no profesionalidá del teatru, y pa la contra hai profesionales de güei que nun viven del so oficiu teatral. En definitiva, nun quiero qu'esti torpe analís que me permito facer me cree enemigos; hai tantes clases d'actores como actores, y caún ye mui llibre d'escoyer lo meyor pa la so vida, y de facer lo que-y pete: lo que losxune a toos ye la voluntá

---

50   Fonte: Unión d'Actores d'Asturies – Antón Caamaño. Lleío na II Gala del teatru asturianu 2001. Teatru de La Felguera

de facer teatru, pero, ¿qué ye la vida d'actor? ¿Ye un mou de vida? A muncha xente que te pregunta díces-y "Nada, soi actor"; y dizte "¿Y agora ónde tais? ¡A ver si vos facéis famosos y salís en televisión! Yo tamién fici teatru na parroquia..."

Un actor tien un ala en suelu y otra en cielu; díxolo nun sé quién, lleílo nuna revista; tendría de ser, pa la mio idea, una persona entregada al so oficiu les 24 hores del día; a lleer, a educase como trabayador, a trabayar. Sin despegar los pies del suelu, sabiendo bien per ónde s'anda, y faciendo al públicu volar, ilusionándolu colo que fai.

Yo pienso amás que'l teatru, como otres artes, requier de xente percríticu con tolo que lu arrodia, y dao que se trata de tresmitir cultura, de crear nueves realidaes, y de seducir a partir d'elles, l'actor tien que tener una mentalidá ya ideoloxía que permita a la sociedá vese espeyada y avanzar. Lo que ye claro ye que'l ser actor ye un oficiu; un oficiu que, a nun ser los que yá marcharen pa Madrid cuantayá, alcuérdome de Vallejo, Nacho Martínez, tristemente fallecíu, César Sánchez y tantos más, equí n'Asturies esti oficiu tardó n'apaecer como actividá profesional. Profesional en cuanto a lo qu'a supervivencia se refier, pero que güei sí ye l'oficiu d'un bon númberu de xente n'Asturies.

¿Qué ye lo que tien que facer un actor pa sobrevivir del teatru n'Asturies? Maraviyes. En principiu la única opción llaboral qu'esiste son les compañíes profesionales, que cada vegada tan más avezaes a contratar actores mozos, lo que tá perbien; pero que nun pueden xenerar, nin de lloñe, el mínimu afayadizu de trabayu pa poder caltener dignamente una plantiya de trabayadores. El circuitu profesional, del que toos tamos tan arguyosos, puede xenerar doce funciones d'un espectáculu al añu nel meyor de los casos, pero un actor, que come, necesitaría polo menos doce bolos al mes pa tener un sueldu dignu. Nun hai más. ¿Qué-y queda al actor? Dientro del oficiu, facese mercenariu de les artes; subproductos d'animación, en campañes de bebíes alcohóliques, por exemplu, bodes, cumpleaños en que t'apetez matar a los críos, de too. Ensin asegurar, porque lo que te paguen nun da pa ello. Y eso nun ye l'oficiu d'un actor.

L'actor necesita d'un reconocimientu al so llabor, necesariu como tresmisor de cultura; necesariu como un trabayador dignu que ye, necesariu como parte fundamental del avance de la sociedá. Y eso tien otra parte que ye la reivindicación y el compromisu del propiu actor cola so manera de vida, cola so profesión, ya'l so entornu social.

Pero un actor, pa eso necesita ónde poder trabayar; y n'Asturies ta complicao; nel añu 20 del nuesu estatutu d'autonomía, nesta puxante comunidá asturiana'l títulu d'arte dramático entá nun ye universitariu; casi toles autonomíes históriques y les que nun lo son, como la nuesa, tienen televisión autonómica, un bon yacimientu d'emplegu pa los actores, pero n'Asturies non, porque nun se considera prioritariu; el circuitu ta perbién, pero faen falta unos cuantos circuitos más, según los nuesos cálculos ún por mes del añu (asturianu, educación, infantiles...); la producción audiovisual nun xenera trabayu que preste, y cuando vien dalguién a rodar, tienes de recorda-y que pague pol conveniu, y encima de tomate'l trabayu de recordá-ylo, nun tienen nin el detalle d'invitate a la estrena la película; el doblaxe tá mas complicao tovía, porque pal Conseyu d'Universidaes españoles el falar asturianu ye cosa de chinos; en fin; sólo mos queda esperar que Cascos mos faiga pronto la variante Payares pa colar más rápido pa Madrid. Y yá empiezo a repetime. Hai trabayadores; sólo falta que daquién faiga verdá eso que se ve escrito nos cartelos de l'autopista: "Queremos que trabayes equí, n'Asturies".

Comunicáu Día del teatro 2002 [51]

La UNESCO fija el 27 de marzo para celebrar el día mundial del teatro. En Madrid lo cambian por el 22, el 27 coincide con vacaciones. En Madrid ponen una bufanda a Valle-Inclán. En Asturies nadie pone nada en la estatua que Gabino puso a Arturo Fernández en no sé qué pueblo del Conceyu d'Uviéu. Hace un año, la Unión de Actores de Asturies promovió una convocatoria pidiendo la recuperación del Teatro Arango como teatro, amparándose en la recién promulgada Ley de Patrimonio que lo protegía. Este año, el 27 se iba a hacer una fiesta en el Arango. Este año no hay fiesta. En esta autonomía se tuvo miedo. Por eso fue por la vía del 143, que ye como la FEVE, que son trenes más piquiñinos. Los políticos sacrificaron reivindicar la propia personalidad asturiana, cosa que sí se hizo en otros sitios históricos, por capear la bestial crisis reconvirtiente que se veía venir encima. Era peligroso combinar las dos cosas. Cierta conciencia nacionaliega mezclada con la fame podía ser mortal. La cultura asturiana tiene mucho que agradecer a la empresa pública. Hunosa y Ensidesa dieron muy buenos comediantes. También cantantes y actores, de los buenos. Pero el sector minero y siderúrgico estaba mucho mejor organizado que el artístico, y los sindicatos correspondientes también. Quizá la Unión de Actores hubiera podido, pero no nos llegó ningún fondo para gestionar prejubilaciones, ni teatros, ni empresas alternativas.

La Unión de Actores de Asturies lleva 10 años de andadura. Durante muchos fue la única organización de referencia en el ámbito teatral asturiano. Como organización plural y abierta, hizo suyas reivindicaciones de teatreros asturianos, actores, amateurs, empresarios, cada actor es una clase de actor distinta, como les tonaes. Compartió también andadura reivindicativa con

---

51   Fonte: Unión d'Actores d'Asturies – Antón Caamaño

la posterior Asociación de Compañías Profesionales de Teatro (ACPTA). Y ahora nos llega el momento de reclamar el sitio del actor dentro de todo esto. Bajo ese prisma, el del actor, va lo que sigue. Algo se hizo en la ardua tarea de esperar al Godot asturianu, Godotín.

Por ejemplo, el circuito profesional. Qué orgullosos estamos todos de nuestro circuitín de doce funciones al año. Galas del Teatro, que están muy bien, para premiar los montajes. Muy guapo. Algo soluciona. Poco. La ley de Patrimonio Cultural. Bien. ¿Y qué se hace con el patrimonio?

La no recuperación del Teatro Arango como espacio cultural es bochornosa. Para todos, público, administraciones y teatreros. Como bochornoso es asegurar públicamente que en Xixón había espacios dignos para poder suplirlo, cuando no hay ninguno que cumpla unas mínimas condiciones, a no ser el Jovellanos. La ruleta rusa de los escenarios asturianos. Se está actuando en condiciones lamentables. Y lo peor es que actores, empresarios, incluso pagan por actuar, aunque sea en condiciones lamentables, porque no se actúa. El otro día mi compañero Berto pisó un poco fuerte y fundió el escenario de un teatro del circuito. Claro, ye que pegó un saltu. Como los que pegan algunos al ir a conectar quince o veintemil watios a pelu gochu. Electricidad, halterofilia y hostelería en la diplomatura del ITAE, ya. Y los actores siguen marchando. Y aunque se dice que hace dos años se trabaja en que la Escuela de Teatro del ITAE sea oficial, no sabemos nada. En fin, ya se nos dijo hace doce. De mano en las negociaciones que mantuvieron algunos ayuntamientos para repartirse nuevas titulaciones se hablaba de Arte dramático. Pero seamos bien-pensantes y sensatos: a quién se le ocurre, siendo el teatro una actividad viva, que pueda surgir y desarrollarse en una comunidad muerta. Aquí ya está todo el mundo prejubilado. Y una televisión autónoma, que se supone que está para vertebrar culturalmente esta comunidad, que puede abrir futuro, que supone trabajo entre otros para actores, que son por cierto tan importantes y dignos como cualquier persona, minero, fontanero o alcalde, no es prioritaria para un sector del partido en el poder controlado por cierto sindicato. Así fue que una cadena de TV local, que tuvo la buena idea de traducir una serie de animación al asturiano, tiene que ir a Madrid a buscar actores asturianos, porque aquí hay actores, pero no hay estudios que puedan hacerlo. De vergüenza. Y lo que nos queda. Quizá por algo de eso la UNESCO celebra el día del teatro. Porque es un oficio en extinción; hay otras prioridades; qué casualidad, como el idioma asturiano, nos enteramos hace unos días. A ver si la UNESCO inventa el Día Mundial de Asturies. ¿Huiremos de aquí en la FEVE, aunque sea a Galicia, que los actores trabajan? Godotín, anda, entaína, espabila, guapu...

Comunicado de la Union de Actores de Asturies para el dia 27 marzo[52] Día Mundial del Teatro del año 2003

NUESTRA GUERRA PARTICULAR

Hoy 27 de marzo es el día mundial del teatro. Día en que murieron Cervantes y Shakespeare. Otro gran autor, Molière, dicen que murió de amarillo, y por eso lo amarillo es gafe en teatro. De ser este 27 de marzo de 2003 cuando hubiera de morir Molière, genial dramaturgo, maestro de la ironía y crítica sobre todo dirigida a personajes y costumbres de la clase pudiente, no sé si, en vez de morir de amarillo, moriría rojo de la vergüenza por no conseguir que la ficción superara a la realidad, o verde de ira ante tan bochornoso espectáculo.

Los actores, el teatro, los artistas, vivimos el conflicto de Irak de forma muy particular. Este colectivo tuvo gran protagonismo en el inicio de las movilizaciones, a partir de la Gala de los Goya y de su intervención en el Parlamento. A partir de aquí se crea una curiosa paradoja; la política, decía Olof Palme, tiene una parte de boxeo y otra de teatro. Y cuando los actores dejan el teatro, y dicen las cosas que piensan, su verdad, en el escenario público, entonces es cuando aparece el boxeo por parte del político. Creíamos desaparecido el fantasma de la censura, confiábamos en una supuesta libertad de expresión; pensábamos, los artistas y muchos ciudadanos más, que estábamos en otra realidad, más permisiva, abierta y tolerante. Pues el PP no. Y para demostrárnoslo, utiliza el conocido recurso boxístico llamado Derechazo. Y van unos cuantos.

Fraga dice que los políticos a la política y los teatreros al teatro. Y nosotros también, sólo que algunos políticos nos hacen mucha competencia haciendo comedia barata; competencia desleal, qué le vamos a hacer. Se suprime de un plumazo la aportación

---

52   Fonte: Unión d'Actores d'Asturies – Antón Caamaño.

que la Xunta de Galicia había destinado a la realización de la Gala de los Premios Max de teatro, que se iban a celebrar este año en Santiago. Ahora ignoramos dónde se van a celebrar, posiblemente fuera de Galicia; pagar a alguien para que te insulte es cosa de tontos, según Fraga. La cara de tontos se les quedó a nuestros compañeros gallegos, que vieron esfumarse una oportunidad de que su trabajo se viera proyectado fuera de Galicia. Y a todos los demás, porque son nuestros premios. Fraga prohíbe en colegios, institutos y universidades publicidad en torno a la guerra y el accidente del Prestige. Luchar por la libertad, por un mundo mejor, menos cruel y más limpio, no es cultura, y menos en Galicia. Y hay más. Los premios Oscar; cuidado, si sale el tema de la guerra, estos actores que son todos rojos, la ceremonia se va al traste; hay que organizar una nueva caza de brujas.

Gustavo Bueno, en su línea. Quiénes somos los actores para opinar sobre asuntos de Estado si no es nuestra función; los artistas no se entierran en tierra santa ni deben opinar; no están preparados, menos mal que él sí lo está; todos controlaos, como en Gran Hermano. Mejor que canten la novena sinfonía. Qué guapo. Mientras caen misiles en Bagdad. Y ya lo decía Ansón; eso es lo que pasa por subvencionar a los artistas; ay, ese dinero en ayudas que se fue a parar a manos de la izquierda... Y qué decir de las efectistas apariciones de Bush por televisión, con esa cadencia de güestern de sábado por la tarde, de la seguridad imprimida por los ademanes de guiñol termineitor de Colin Powell; o de los denodados esfuerzos de Aznar para resolver su futuro dentro de la industria del doblaje de películas americanas al castellano. Pero los actores y artistas sabemos mucho más que ellos de escenarios y podemos decir que los políticos lo intentan pero, haciendo teatro, son muy malos.

Se les ve el plumero a cada palabra que dicen. A cada cosa que hacen. Y lo peor es que se lo creen. Y peor aún que lo sabemos. ¿O no se nota que bajan el volumen o quitan la voz cuando Almodóvar hace referencia a la guerra al recoger el Oscar?

Nos lo ponen en bandeja. ¿Nos estarán provocando? Pero hay un punto bueno en todo esto. Estábamos todos algo dormidos, pero despertamos a tiempo, para sorpresa de los gobernantes. Las cosas se pueden hacer de otra manera.

Los artistas, nos sentimos orgullosos de nuestra profesión, y del papel que desempeñamos como trabajadores y como colectivo dentro de esta sociedad. El actor, o artista, trabaja, entre otras cosas, con su imaginación. Imaginación; no fantasía. Para trabajar con la imaginación, para crear mundos nuevos, con toda su lógica artística, hay que tener muy bien puestos los pies sobre la tierra, y construir.

Eso es nuestro trabajo. Un trabajo progresista por definición. Y ésa es nuestra arma. Y pagamos un precio muy alto, pero el artista, en principio, es una persona libre. Y crítica con lo que le rodea. Naturalmente. ¿Cómo vamos a estar a favor del crimen impune? ¿Cómo a favor de una intervención militar desmesurada, ilógica, interesada? ¿Cómo a favor de un gobierno que no escucha? ¿Cómo no vamos a sentir vergüenza de un gobierno que incumple las normas internacionales y que se carga de un plumazo todo el trabajo realizado en política exterior, que bien que nos costó a todos? Es realmente soporífero, aburrido. Menuda vergüenza. Y además, no se puede decir; si lo dices, eres un violento y te muelen a palos.

Para finalizar, queremos proponer, en el día de hoy, día mundial del teatro, a las organizaciones que están en esta causa, a los medios de comunicación y a la ciudadanía, por respeto a la profesión artística en general, un sencillo ejercicio de autocensura lingüística: nos gustaría eliminar del lenguaje, sobretodo de tipo político o periodístico, ciertas expresiones tales como "escenario de la batalla", "teatro de operaciones", "negociaciones o acuerdos entre bambalinas" o la "subida bursátil como telón de fondo". Nos gustaría hablar de actuaciones o intervenciones, pero artísticas, y no de actuaciones o intervenciones militares. De fuegos artificiales y no de fuego real. De la memoria histórica como parte fundamental de la persona, y no de ciudades, como Bagdad, de las más antiguas y bellas del mundo, eliminadas de nuestra memoria por algunos que, como no la tienen, no deberían ser llamados "persona". De payasos de los de verdad, de los de toda la vida, de los que provocan compasión y cariño, y no de políticos metidos a payasos, que dan más pena que asco, y que sólo son capaces de ofrecer al mundo conmoción y pavor. Poesía pura. Aunque nos tapen la boca, nos quiten las ayudas o bajen el volumen de la tele, la voz crítica del colectivo de actores y artistas va a seguir oyéndose, junto con las del resto de la ciudadanía. Y hay que empezar a hacer las cosas de otra manera. Ya. Paremos la guerra.

¿Cómo que no es necesario el Teatro Arango para Xixón? [53]
La Nueva España, 6/7/2004

Evidentemente, y según leí en un diario hace poco, reduciendo al absurdo, entendiendo la cultura en cortos, vulgares y materialistas términos pecuniarios, y limitando la existencia humana a Internet, medios de comunicación, globalización, etc., no es justificable nada: ni el teatro; ni las bibliotecas quegastan mucho dinero en libros; ni hospitales, mejor que la gente se muera, que así no gasta; ni las escuelas, para qué queremos que la gente aprenda nada; para qué conciertos, con lo bien que se ven en la tele; pa qué cultura asturiano, pa que chupen cuatru espabilaos qu'inventaren ¡un idioma!; a los teatreros y demás triba de vagos poníalos yo a trabayar de lo que yo dixera. Vaya: me pararía en el tema de los museos; los odio, el concepto, me refiero, perdónenme, con todos los respetos; templos, panteones para culto de lo muerto, de los dinosaurios y fósiles muertos del jurásico, de la mina muerta, el paleontológico de Oviedo muerto, del Pueblu de l'Asturies muerta; de la siderurgia muerta, del ferrocarril muerto, de la leche del ganáu muertu de Morcín; de pintores muertos, etnográficos de cultura asturiana muerta, de escultores muertos, con la única excepción del de la sidra, que nos matará de un susto como la sigan subiendo. ¿Es ése el concepto de cultura que necesitamos? ¿El que necesita una Asturias que nun espoxiga, mero escaparate para turistas? ¿El que necesita una ciudad como Xixón que es la única que mantiene un mínimo de esperanza de futuro dentro de esta comunidad que se muere de asco? ¿Cuántos actores-actrices emigraron a Madrid esti añu? ¿Y cuantos-es que no son actores-actrices? La gente, los actores, bailarines, cantantes, artistas en

53   CAAMAÑO VEGA, ANTÓN (2004). ¿Cómo que no es necesario el teatro arango para Xixón? Diariu La Nueva España. 6/07/2004. Uviéu: ed. Prensa Ibérica.

general también necesitan trabajar para vivir, y su trabajo es necesario para esta sociedad muerta, porque le aportan vida.

Ya hay bastantes espacios, dicen. Hablemos brevemente de los espacios culturales de Xixón, y de su utilidad para la práctica escénica, aparte de museos y del Jovellanos. Centro de El Llano; cuatro tarimas standard de 2 m x 1m, (espacio de 4 x 2 en total) apto para alguna conferencia, espectáculos de muy pequeño formato, unas 50 sillas de plástico para tomar apuntes, de las que hacen ruido al arrastrarlas. Contrueces, escenario similar al de El Llano, salón algo más grande con dos columnas en medio. El Coto; un verdadero desastre, con el escenario en sentido inverso al lógico, columnas, una oportunidad perdida. Natahoyo. Inexistente. Cimavilla: inexistente; L'Arena; inútil; no me lo explico, además es muy reciente. La Calzada, un poco más curioso, sobre todo por el cariño con que lo trata el personal del Atenéu; aunque si la escenografía mide tres metros de alto no entra. Sólo 2,80. Imposible iluminar en condiciones. Atiende principalmente a público de la Calzada. Gijón Sur: menos mal. Aunque atiende principalmente a los barrios de Montevil, Nuevu Xixón y Pumarín, se introducen otro tipo de programaciones, porque no hay otro espacio decente. Por ejemplo el FETEN, que atrae mucho público cautivo. Los que se perdieron: Brisamar, Goya, Robledo, Maria Cristina, Natahoyo, Pumarín, Rivero... Los futuribles: de ser, la Laboral: ahí no van a actuar grupos de teatro ni de música, ni de danza asturianos nunca jamás, estará destinado a grandes producciones, tipo auditorio, supongo que de fuera, estaría bueno. Hipotéticamente, Tabacalera; supongo que se utilizará para viviendas, garaje y un espacio menor, quizás; mejor dejaban de marear la perdiz y metían allá el Conservatorio. Si me extiendo al Principáu, la lista podía ser muy larga. De la producción cultural. Asturies y particularmente Xixón, tienen un tejido asociativo verdaderamente ejemplar, fruto del trabajo de ateneos, asociaciones de vecinos, colectivos culturales, etc. desde hace un montón de años. Ha dado como resultado que en la actualidad haya unos 120 coros funcionando en Asturias, 50 en Xixón; 30 compañías profesionales de teatro; más de 100 grupos de teatro amateur; un montón de grupos de música pop, folk, rock, que consiguieron generar algún movimiento importante, tipo Xixón Sound, hace algún tiempo, o que actúan más en Australia, gestionando sus propias funciones, que en Asturias, por citar a Felpeyu o Llan de Cubel; productoras de vídeo y cine; gaiteros, artistas plásticos, cantantes líricos, músicos y actores trabajando en planes de empleo; asociaciones de malabaristas; autores, poetas, directores de teatro, grupos folclóricos mil... Esto es una brutalidad. Dudo que en algún sitio haya esta densidad artística. Y aunque genera un enquistamiento y entorpecimiento general, y muchas confusiones entre profesionales, no profesionales, semiprofesionales, confusión que generan también los propios programadores culturales, que mezclan churras, merinas y xaldes, si se da el caso, está muy bien; algo quiere decir, es para sentirse orgulloso. Pero no se puede ser ajeno a esta realidad; ni se puede entender que el fomento del tejido asociativo y la cultura de base no tenga un reflejo en nuestro día a día, y por el contrario, contribuya al aumento de la emigración de los jóvenes a otros lugares con más posibilidades de supervivencia. Síndrome Sporting. Hay oferta cultural de sobra, dicen. En los centros no se puede actuar apenas, razones obvias y también presupuestarias. En Xixón no hay manera de actuar. El Jovellanos está auténticamente saturado de actividad. Tiene que atender a muchos palos, a mucho tipo de público y no hay espacio ni días. Felizmente recuperado, pero no puede con todo, y es el único espacio digno. Y también lógicamente, vienen muchas cosas de fuera, con lo que la producción artística asturiana, tanto profesional como no, tiene difícil entrar en la programación, aparte de que sería para un solo día; a todas luces insuficiente, de trabajar un día al año, o cada dos años, no se vive. La FMC no dispone de espacios útiles, y genera más bien poco o ningún movimiento dentro del que se tenga en cuenta a los colectivos, empresas, o profesionales del lugar, aparte de algún concierto didáctico de música clásica, algún campamento, alguna exposición, o similar; más bien prevalece el criterio del técnico sobre lo que debe ser la cultura que las manifestaciones y propuestas culturales en sí. Es un poco impenetrable, creo, llevan muchos años trabajando, quizás se hayan distanciado un poco de la base. Quizá todo para el pueblo pero sin el pueblo. La política cultural de Xixón está centrada en grandes eventos (¿?) captadores y generadores de imagen para la ciudad, tengan o no reflejo en la vida cultural de la misma. Ciudad museo. Semana Negra, asturiana 100%. FETEN, para grupos del Estado, no es un festival de teatro infantil para que disfruten los guajes, es una feria para vender espectáculos a programadores en la que los grupos asturianos tienen bastante poco o nada que decir. Festival de cine, un día de cortos asturianos, y gracies, no da pa más, por desgracia; de la industria del audiovisual asturiana hablaremos otro día. Macroconciertos; con lo que se perdió en alguno ya se compraba parte del Arango. Feria del libro latinoamericano (¿?). Encuentros de Cabueñes; podían celebrarse en Valdemorillos del Páramo, que nos daba igual; lo más guapo les fiestes de prao, que cómo no, van a menos. Festival folclórico internacional, no sé si algún grupo folclórico asturiano tiene actuaciones en el extranjero gracias a este festival, bastante folclórico, sí. Mantener todo eso es difícil, puede que esté bien, pero debería haber algún debate, humildemente creo que es necesario romper algún corsé y algún prejuicio, si se quiere que a través de la cultura Xixón y Asturias tengan vida. Está todo demasiado armado, demasiado establecido, y está muy distanciado del movimiento real de la cultura xixonesa y asturiana. Demasiado muerto.

Soy actor profesional y malvivo de mi oficio; llevo intentándolo dieciocho años al menos, y creo que, más o menos, voy pagando la renta y mis impuestos; me dedico a esto porque creo en el crecimiento de las personas y en la evolución de las cosas, y creo que mi trabajo (uno de los más hermosos que existen, sin duda), como todo el artístico, contribuye a ello. Es por ello un tipo de vida y una profesión viva, todo lo contrario al tipo de vida sedentario, individualista y ultraconservador al que nos quieren condenar. Y por ello no puedo entender que se tire un teatro, o que Xixón pierda la oportunidad de tenerlo para siempre; es ir en contra del crecimiento, individual y colectivo; es ir en contra del progreso y de la vida, es algo necesario para nuestra existencia. Eso jamás lo podría defender ningún partido que se diga de izquierdas. O traducir la cultura en pesetas. Es una barbaridad. Claro que cuesta, pero si no hay dinero, se busca, o al menos se intenta. Creo que es absolutamente necesario el Teatro Arango para Xixón, y para Asturias; nadie está pidiendo dinero al Ayuntamiento para comprarlo, simplemente se pide honradez, compromiso y que se sea consecuente con nuestra realidad y nuestro futuro. No sé, posiblemente me venda algún día; igual si llego a ser concejal bienpensante, o aspirante a alcalde por algún partido minoritario, que no creo, pensaría mejor la conveniencia de tener teatros o no, o arreglar las grietas de la Iglesiona o no. Estar por encima del bien y del mal debe ser una pasada.

Como si fuere lo más normal [54]
El Comercio Digital 2/5/06

Una compañera d'oficiu, querida, una vez que mandáremos dende'l sindicatu d'actores una carta en billingüe, saltóme col aquelli de «¡Vaaaamos necesitar un dicionaaariu!» Eché-y la maldición. «Si te llamen pa facer teatru n'asturianu, verás que nun vas necesitar diccionariu». Efeutivamente, pémeque lleven como doscientes funciones y tovía siguen representando la obra.

Pensándolo bien, l'asturianu yá ye oficial nel teatru fai munchu tiempu. Los teatreros asturianos esparden la nuesa cultura perdayures cuantayá; los escritores, dende'l Poeta Antón de Marirreguera, con tornes de clásicos, hasta los más mozos. Los actores y grupos actuando, la Compañía Asturiana, tolos grupos costumistes, fai una fargatada d'años, hasta los d'anguaño, que faen coses n'asturianu como si fuere lo más normal. No que cinca al nuesu grupu, Producciones Nun Tris, plantegámonos, ente delles llinies d'aición, la d'intentar definir un teatru asturianu d'anguaño, igual que pue falase d'un teatru catalán, andaluz, o irlandés; nun partimos necesariamente de testos; tamién de formes parateatrales y teatrales asturianes (monólogos); camudamos mitoloxía en teatru, creamos testos a partir de lleendes, rellacionamos Comedia Asturiana cola Comedia dell'Arte. Hai campu painvestigar y paez que cada vegada hai más xente interesao en trabayar nesti sen.

Plasmé cuando vi la programación de la Selmana de les Lletres Asturianes d'esti añu. Anque tamién ye cierto qu'hai más campu pa investigar qu'estaya de mercáu. Demostrao. Con tolos problemes que tien el teatru n'Asturies, esclavu d'una alministración que nin lu cuida nin lu va cuidar nunca, sofitáu namás pola voluntá de los que quieren facer y vivir dignamente

---

54   CAAMAÑO VEGA, ANTÓN (2006). Como si fuere lo más normal. Diariu El Comercio. 02/05/2006. Xixón: Vocento.

del teatru equí, esi conflictu llingüísticu que s'enfoten los políticos en facenos creer qu'esiste yá ta superáu fai tiempu a esgaya. Home, dalgún programador repunante o que tenga mieu que depués de la función vaigamos darréu colos escolinos o col públicu a pidir la independencia d'Asturies, pue qu'entá lu tenga, pero'l teatru fechu n'asturianu amuesa cada vegada más normalidá, en cantidá y calidá, en comparanza col teatru fechu en castellán. Y abúltame que la población teatrera asturiana nun ye especialmente militante con esti tema; ye igual, nun lo necesitamos.

Agora facer teatru n'asturianu pue que tenga más que ver con salíes profesionales, que nun esisten o son poques (otru día falamos de la Televisión del Principáu d'Asturies y del doblaxe), que col identificase con una idea. En tou casu, pémeque ye una estratexa válida.

A pesar de l'Alministración que, como nun-y peta caer na cuenta de la importancia que tien caltener viva la llingua –ye más, como paez que fai tolo posible pa que l'asturianu desapaeza-, mal va dase cuenta de la función que desendolcamos los grupos de teatru, y los actores y actrices, como tresmisores d'esa cultura, y mal mos va ayudar nesa xera na que venimos trabayando dende siempres.

Asturies y Catalunya

L'otru día, nun cursín, vieno un paisanu a contamos lo que tán faciendo dende una entidá nomada Institut de Industries Culturales de Catalunya. Comparando lo que cuntaba (qu'entá yera meyorable) colo que tenemos n'Asturies(un Institutu del Teatru y les Artes Escéniques que tendría de coordinar l'actividá teatral desaniciáu por decretu, un Teatru Arango abandonáu nes manes d'una empresa d'igües corporales, y una fargatada d'actores y actrices camudaos en lleendes urbanes, por poner dalgún exemplu), como'l teatru ye l'espeyu la vida, dábeste cuenta rápido de lo que ye una comunidá con futuru y confianza en sigo mesma y lo que ye otra, la nuesa, dependiente, agonizante, ensin conciencia, ensin gobiernu y condergada a ser un barriu de Madrid con mar. Qué vergoña.

Pémeque tenemos de camudar d'estratexa: nun esperar nunca que los políticos fagan nada, magar que seya la so obligación; dir siempres per delantre d'ellos y siguir puxando. Norabona al teatru n'asturianu, dalguién s'alcordó de nós esta Selmana de les Lletres. ¡L'asturianu, oficial nel Estatutu, yá!

Les mios vacaciones [55]

5/12/05

Va poco tuvi la suerte de disfrutar d'unes merecíes vacaciones, magar que fueren d'una selmana. Ente otros sitios, visitamos parte de la llamada zona de transición ente Asturies y Galicia, refiérome a la zona comprendía ente'l Ríu Eo y la Estaca Vares.

Pémeque'l gobiernu asturianu tenía d'enfotase un pocu nel caltenimientu y espoxigue cultural d'esa zona, nótase que la cultura predominante nella, (l'asturiana, por supuestu, como amuesen munchos rasgos toponímicos y culturales: por exemplu, l'ablucante presencia d'horros y paneres asturianos na zona ente Meira y Becerreá -atención a la terminación del topónimu, tan propia de la Cuenca'l Nalón-; el fechu de que na mariña de Llugo entá se faiga sidra y faigan intentu vendelo na Feria d'A Veiga o Vegadéu (cast.Vegadeo); la mesma toponimia, -casu de Foz-; o'l de qu'entá haya daquién que toque la gaita, -anque tea menos desarrollada y tenga menos soníu que la nuesa, incluso espetándo-yos roncones per tolos llaos-) la cultura predominante, o dominante, dicía, va esboriándose fasta más o menos el pueblu de Betanzos, inclusu A Coruña, onde pienso qu'empieza a notase yá dalgún rasgu gallegu, anque non mui claru tampoco.

Pémeque pa recuperar y potenciar la cultura autóctona d'esta fastera, una de les posibles aiciones sedría aprovechar la puesta en marcha de la TV asturiana; nun sedría mala idea llantar un repetidor nel Altu d'Alvaré, en Meira (ast.Miera o ast.pl. Mieres), o en Mondoñedo (ast. Mondoñéu), o nel Altu d'A Xesta (cast. Alto de La Siesta, ast. Altu'l Pigazu). Asina esparderíense les ondes más p'alló de la ponte que separa lo que se conoz por Galiza de la nuesa Asturies, p'allá de Ribadeo (ast. Ribadéu), pa tolo que se conoz güei por Llugo, inclusu parte de Coruña, y atenderíense

---

55   Nun foi publicáu. Al rodiu de la intención del BNGa de galleguizar Asturies.

los enfotos y los drechos culturales de la xente de toa esa gran zona transición, un poco desdexada y escaecida pola sociedá y gobiernu asturianos.

Tamién habría de meyorar un poco la so imaxe, col envís de captación de turistes madrilanos: teníen de pintar un poco les cases. Otra ye recuperar ya iguar la toponimia orixinal de la zona: amás de los exemplos nomaos, ta'l sangrante casu del pueblu de Lorenzana, que se-yos ocurrió nomalu Lourenzá, utilizando esi dialectu del asturianu que ye lo que llamen "gallego", esa falancia, colo que, claro, nun lu entiende naide. Y si daquién llega allá y nun sabe nin onde ta, ¿qué? Tola vida foi Lorenzana. O'l perclaru Estaca Vares, que ye'l mesmu casu que lo de la Playa del Sablón, reiterativu. Una estaca ye una vara un pocu más gorda, cualquier tontu lo diz. Home, podría facese una bona planificación turística de la zona y entós camudaríemos Vares por Bares. O Chigres.

Dicía que, pémeque, el gobiernu asturianu tien una delda histórica pa cola xente y la cultura d'esta fastera, güei perteneciente a Galiza, lo que nun escuende nin munchu menos laso fondísima tradición ya hestoria asturianiegues, y nun niega la so perclara pertenencia a los dominios asturianos. Ensin llegar a un plantegable y lóxicu amieste de la zona a Asturies, ye necesario empobinar el desarrollu cultural en xeneral d'esta comarca acordies cola so hestoria, colos sos raigaños, cola so memoria.

Lo que ya nun sé, y –yos correspuende a los políticos sabelo y planificalo, ye cuála ye la manera más fácil y cenciella de facelo, los detallucos. Hai que pensar que si s'entamare güei a trabayar nesti sen, y resultaro que los partíos políticos españoles que gobiernen Asturies nun fueren quien a desaniciar datechu la cultura y llingua asturianes enantes de les elecciones venideres (que ye daqué no que camiento que tán trabayando duramente), inxertaríenlo, de xuru, dientro los sos programes electorales pa les siguientes. (Ente otres necesaries aiciones, como asfaltar definitivamente'l Parque Natural de los Llagos de Cuadonga, y tolos demás parques y zones naturales protexíes; esterminar delles races problemátiques, como'l llobu, l'osu, l'asturcón y l'urogallu, por asfixa, potenciando les emanaciones de CO_2 pola mor de la instalación de polo menos cincuenta térmiques colos fondos mineros; y tamién enllenar d'urbanizaciones y praos de golf tolos sitios d'Asturies que tean cerque la mar, nuna ringlera cola costa de polo menos 30 km d'anchor, sobre tou si'l promotor ye Florentino Pérez, que de dalgo tienen de comer nos conceyos pequeños). Dicía esto pol detallucu de definir si la campaña de recuperación y espoxigue d'esta zona astur-galaica, a la que fui de vacaciones, paga la pena facelo n'asturianu, qu'igual non, ya que l'idioma va estinguise a curtiu plazu, y trabayaríase de baldre; o en castellán, colo que los turistes ya inversores madrilanos y vascos diben enterase meyor.

"Cantata asturiana" en La Laboral [56]

La Nueva España. 20/10/2007

Ayer paseaba por el patio de la Laboral. Todos los preparativos, los focos PC City, pruebas de sonido, incluso nervios? Me llamó la atención el poderoso agudo de una soprano, en una grabación, sería una prueba de sonido; creo que era «Carmina burana», no estoy seguro; en todo caso algo muy similar. Me vino a la cabeza un esplendido trabajo que hizo el Coro de la Fundación, la «Cantata asturiana», una lectura de clásicos musicales asturianos al estilo Orff, potentísimo. No. Seguramente no era aquello lo que sentía. Quita p'allá, a quién se le ocurre: la «Cantata asturiana» en la Laboral. «Asturiano» y «Laboral» son dos términos tan contradictorios como «inteligencia» y «políticos».

Los poderes públicos tienen la obligación de cuidar que los ciudadanos tengan acceso a la cultura; por ello la apertura de un nuevo espacio siempre es buena noticia. A partir de ahí, se debería desarrollar una política cultural; en el caso de la Laboral, no se desarrolla ninguna; se trata de un fabuloso espacio que va a tener una oferta llamativa y foránea, con gran apoyo publicitario, para un supuesto beneficio de la imagen de la ciudad y aumentar su capacidad de atracción turística, y que los teatreros asturianos sólo vamos a ver el día de la inauguración. Es el único teatro del Principado (entendiendo Principado como habitualmente se entiende cuando nos referimos a él: a su aparato gubernamental). Nace sin política ni objetivos sobre la cultura asturiana, o su teatro. Se trabaja la exhibición cara al turismo. Lo lógico es pensar que si el Principado abre un teatro con dinero de los asturianos, (sólo para publicidad de la apertura

56   CAAMAÑO, ANTÓN. (2007). Cantata asturiana en La Laboral. Diariu La Nueva España, 20/10/2007. Uviéu: Ed. Prensa ibérica.

200.000 euros, frente a unos 120.000 que se dan en subvenciones a treinta compañías profesionales para producción anulamente), pues que sea para potenciar la industria cultural del país o cuidar de su patrimonio cultural. Pues no. ¿Ustedes se imaginan el centro dramático gallego, o el catalán, o el andaluz, con programación enteramente foriata? No digo que no haya que ver otras cosas, pero de tener que elegir entre lo nuestro y lo de fuera, por supuesto lo nuestro. El teatro asturiano se merece ese teatro, y mucho más. Será que no tenemos cosas que decir.

La dirección del centro, cuya cabeza visible, Mateo Feijóo, que viene de la escena alternativa madrileña, y que es desconocedor de la realidad y problemática del teatro asturiana (cosa que les trae al pairo a él y a sus superiores), presenta una programación que puede tener su interés. Viene a atender las demandas de un público que acudía a los ciclos de Cajastur, cuando se hacían, e incluso al teatro Jovellanos, que, dentro de sus posibilidades, atiende a todos los públicos. Es una programación tipo Festival Nuevas Tendencias según un modelo madrileño que no estoy seguro que sea exportable a una sociedad como la asturiana, con una cultura diferente a la madrileña; en todo caso, el modelo no es útil a la industria teatral asturiana, y está impuesto, sin contar con nadie, sin planificación, allá te va que te preste, somos los mejores y sabemos más que nadie.

Creo que el eterno problema de Asturies con la cultura y con todo es la identidad; o mejor, la clase de identidad; no sabemos si Asturies es un barrio de Madrid, pero con mar; o una comunidad, o un país, o una aldea, o una urbanización, o una nación, o un parque temático, o un museo, o el paraíso. No se puede hacer política, ni política cultural en Asturies como si esto fuera Carabanchel. Esto es un país, con su cultura, la que sea, nos guste o no, diferenciada; no es un barrio de Madrid. Y al desarrollo de ese país y de su cultura es donde creo debieran ir encaminados los esfuerzos y los dineros; no a montar chiringuitos pa foriatos.

¿O se trata de culturizar a los asturianos con cultura foránea, al tener la nuestra moribunda? ¿Nos estarán llamando paletos? ¿Acabará Mateo Feijóo pidiendo socorro al Ministerio de Cultura o a la UNESCO, tal y como hicieron los curas de Uviéu allá en el siglo XVII o por ahí, al encontrarse con que no podían evangelizar a una población medio salvaje?

En vez de «Carmina burana», o la «Cantata asturiana», igual era mejor que probaran el sonido con un réquiem. La «Marcha d´Antón el Neñu», por exemplu.

Asturias 2008 [57]

Aunque no aparece en ninguno de los resúmenes del año de la prensa, ni ninguna de las personas con las que hablo del tema tenía ni repajolera idea, resulta que en el 2008 "tienen lugar en Asturias una serie de conmemoraciones centenarias, hechos de indiscutible trascendencia para la historia de Asturias y, sobre todo, elementos decisivos en la construcción de nuestra identidad colectiva. 1200 años de la donación de la Cruz de los Ángeles, 1100 años de la donación, también a la catedral ovetense, de la Cruz de la Victoria, erigida en emblema de Asturias; 400 años del inicio de la actividad docente en la Universidad de Oviedo, y 200 años de la asunción de poderes y la declaración de guerra a la Francia napoleónica por parte de la Junta General del Principado. El I Centenario del descubrimiento del arte rupestre de las cuevas del Pindal y la Loja y los 40 años del descubrimiento del arte rupestre de la cueva de Tito Bustillo." (www.asturias2008.org).[58]

Sin duda una buena oportunidad para proyectar la imagen del país en su entorno y captar interés, y publico. La ausencia de colaboración entre las diferentes entidades e instituciones que lo organizaban la efeméride, -véase Arzobispado, Universidad, Ayuntamiento de Oviedo, Gobierno de Asturias- ya era reseñada por el Sr. Ruiz de la Peña en la prensa en octubre-07. A pesar del acuerdo de colaboración suscrito en 2006, fue difícil diseñar un plan de acción conjunto entre ellas y cada una hizo un poco lo que le dio la gana. Sí se realizaron actividades, variadas, y tan oportunas y variopintas como, entre otras, un buen número de peregrinaciones a Covadonga, el estreno (versión concierto, que

---

57   Esti articulín que s'escribió en Marzu de 2009, nun se llegó a espublizar. Fonte: Antón Caamaño.

58   Imposible atopar yá esa web per Internet. Sicasí, ye posible atopar referencies, pueque.

---

es mas barato) de la zarzuela del mismo nombre, una olimpiada química (¿?), un partido de fútbol, un encuentro de la Film Commision con directores, (que no sé si se llego a celebrar), una exposición de orfebrería, y además, se incluyen actividades que se hacen todos los años, como la exposición de artesanía de Oviedo. En fin.

A excepción de lo que recibe la Fundación Gustavo Bueno del Ayto. de Oviedo, ignoro las partidas económicas que se destinaron a la efeméride, pero no me importa. Lo que si creo es que la rentabilidad y repercusión social de los actos fueron nulas, a causa de la imposibilidad de ponerse de acuerdo desde las distintas entidades que supuestamente organizaban, lo que trae como consecuencia un proyecto desvertebrado, pobre y poco atractivo, en contra de lo que merecía lo trascendente e irrepetible de la ocasión.

Aunque sospecho que esto es lo que verdaderamente querían; lograr que una fecha tan señalada pasara absolutamente inadvertida. Un pueblo es su historia, su memoria. El miedo es que si tomamos conciencia de nuestra historia, al día siguiente es posible que salgan las hordas a la calle a declarar la independencia de Asturies. Por eso, ya se encargo Gustavo Bueno de publicar entrevistas y un libro manteniendo la españolidad de Asturias cuando España no existía ni había existido nunca como tal. Que no quepa la menor duda. Nunca lo van a reconocer, por supuesto, pero creo que ése es el miedo, miedo a nosotros mismos. Que hubieran podido celebrar esto catalanes, vascos, andaluces, castellanos o cualquier otro pueblo sin complejos absurdos, con dignidad y con cierta visión de futuro. Tiempo y dinero perdido para siempre, no vamos a ver otra. Objetivo desaniciu cumplido. Bueno, tara contentu.

Espublizáu nel blogue "La cueva'l Guirriu Antón"

La televisión, omnipresente medio de comunicación, constituye una gran fuente de poder. Por eso siempre las controlan los gobiernos de turno, o grupos empresariales, o de comunicación. Es obvio. Pero además, las cadenas de televisión cumplen determinadas funciones. Entre otras, el libre acceso a la infomación, o el fomento del espíritu y capacidad crítica de las personas en un mundo globalizado que tiende justo a lo contrario. La diversificación de las cadenas de televisión, responde a que, contrariamente a lo que sucede en las dictaduras, se pueda escoger libremente entre varias opciones. Con la democracia y el estado de las autonomías --dado que una comunidad autónoma, o país en su caso, constituye un grupo social diferente de otros, que genera sus propios medios de gobierno--, se fueron desarrollando canales de televisión en cada comunidad, para romper con el monopolio informativo e ideológico que suponía la cadena estatal en el régimen.

Las cadenas de televisión cumplen, o deberían cumplir, otra importante función, que es la de contribuir a la cohesión social de su ámbito de recepción. Y en ese sentido, en Asturies, con su proverbial aislamiento interior y exterior, una televisión autonómica es más necesaria que en ningún otro lugar del estado español.

La función coercitiva del poder se diversifica en la misma medida. Los anteriores gobernantes que posibilitaron --tarde-- la puesta en marcha de la TPA, no estaban muy interesados en que contribuyera a la cohesión social de la comunidad. Un anatema. El proceso fue idéntico en otros ámbitos de la cultura asturiana. El director venía de Tele Madrid. El concepto de la TPA era el de una televisión de un barrio madrileño, no el de la comunidad autónoma asturiana. Así, por ejemplo, no hubo producción dramática, ni doblajes al asturiano; sí que hubo, por otra parte, ridiculización, maltrato o casi persecución, de lo poco que había referente a nuestra cultura. En vez de crear y asentar una industria del audiovisual, se paga una barbaridad en derechos de F1 o de fútbol, que se pueden ver perfectísimamente en otras cadenas. Y el segundo canal prácticamente inutilizado. El proyecto cultural que había –y hay– detrás de la TPA es la aculturización, provocar desarraigo y desprecio a lo nuestro. Su mensaje constante. Pero la estructura queda.

El Sr. Presidente Álvarez-Cascos, en uno de estos medios de comunicación, afirma que la TPA no sirve para nada, y que está en contra de las cadenas autonómicas. Habla de enajenación. Para Ramón del Riego es un servicio público prescindible. Se habla de impagos. Entiendo que no les guste nada la TPA. A mí, tal y como está, tampoco. No cumple sus funciones sociales. Su orientación es muy cuestionable. Hace falta dinero y cuesta mucho. No crea industria. Pero tiene todas las posibilidades de hacerlo y de amortizar la inversión –en la línea de lo que apuntaba el Sr. Vallaure al respecto de los museos– si tiene un proyecto adecuado detrás.

La TPA tiene otra función más: el poder económico. Crea mercado laboral, para productoras, técnicos, actrices y actores, directores de escena... El 90% del trabajo para este sector, en el conjunto del estado español, lo genera el audiovisual. Es su medio natural de trabajo, del que hasta ahora malamente pudieron disfrutar. Es la manera de amortizar lo invertido en formación. Es la humilde aportación con la que pueden construir país, cosa que hasta ahora no pudieron hacer. Es una forma en la que pueden contribuir a estar a la altura de las demás autonomías y disfrutar de las mismas oportunidades, tanto como personal desde dentro de la industria, como desde fuera, como ciudadanas-os de este país, cosa que nunca sucedió. Es una formidable oportunidad la que se presenta para rentabilizar socialmente ese proyecto; lo contrario a enviar gente a la lista del paro o a la cola del ALSA. Pienso que no se debiera desaprovechar. Seríamos menos que los demás. Volveríamos a los tiempos del NODO.

16) BIBLIOGRAFÍA

⊿ BOAL, A. (2009). *Teatro del oprimido*. Barcelona: Alba editorial, Artes escénicas. Pg. 113.

⊿ CAAMAÑO, ANTÓN. (2000), *La izquierda y la política cultural*. Revista de teatro La Ratonera, no1. Xixón: Oris – Revista la Ratonera. Pue atopase en http://www.la-ratonera.net/numero1/izquierda1.html. Páxina consultada'l 7/8/11.

⊿ D'AMANDI, XUAN (2004) *El casoriu de Letizia y otros fechos principales*. Maestros del humor. Uviéu: Trabe. (Escritru por Lisardo Lombardía, embaxo'l nomatu de Xuan d'Amandi)

⊿ DÍAZ, ADOLFO CAMILO (2002), *El teatru popular asturianu*. Uviéu: Mázcara. Academia de la Llingua Asturiana.

⊿ DÍAZ, ADOLFO CAMILO (2006). *En tables*, Uviéu: KRK ediciones,

⊿ HORMIGÓN, J. A. (2008). *Trabajo dramatúrgico y puesta en escena*, Madrid: Publicaciones de la ADE. Pg 76.

⊿ INSTITUTO CIES/BISSAP. (2009). *Libro Blanco de las Industrias Culturales del Principado de Asturias*. Dir.: Xabier Marcé. Consejería de Cultura del Principado de Asturias. Pue atopase en http://www.asturias.es/Asturias/descargas/PDF%20DE%20TEMAS/C ultura/libro_blanco_industrias_culturales.pdf

⊿ MANN, M. (1986). *The Sources of Social Power, Volume I: A History of Power from the Beginning to 1760 A.D.* New York: Cambridge University Press. (Ed. Castellana: Alianza Editorial, 1991). Prólogu.

⊿ ORTIZ, BONI (2011) *Anuario de teatro de Asturias*. Xixón: Más teatro.

ARTÍCULOS EN DIARIOS:

El Comercio:

⅄ ANTUÑA, MARI FÉ. (2010). *Mateo Feijóo deja La Laboral*. Diariu El Comercio. 6/5/10. Xixón: Vocento. El Comercio Digital. Pue atopase n'El Comercio Digital http://www.elcomercio.es/v/20100506/cultura/mateo-feijoo-deja-laboral-20100506.html Páxina consultada'l 25/7/11.

⅄ ANTUÑA, MARI FÉ, (2011) Jose Luis Moreno abandona La Laboral. Diariu El Comercio. 16/2/11. Xixón: Vocento. Pue atopase n'El Comercio Digital, http://www.elcomercio.es/v/20110216/cultura/jose-luis-moreno-abandona-20110216.html. Páxines consultaes el 25/7/11.

⅄ CAAMAÑO, ANTÓN (2006). *Como si fuere lo más normal*. Diariu El Comercio. 02/05/2006. Xixón: Vocento.

⅄ MERAYO, PACHÉ (2010) *La Laboral va a ser el Zara de la cultura*. Diariu El Comercio. 17/8/10. Xixón: Vocento. Pue atopase n'El Comercio Digital, http://www.elcomercio.es/v/20100817/cultura/laboral-zara-cultura-20100817.html;

⅄ REDACCIÓN (2009) *Cultura nombra gerente de Recrea al exdirector de política forestal*. Diariu El Comercio. 2/9/09. Xixón: Vocento. Pue atopase n'El Comercio Digital,

⅄ http://www.elcomercio.es/gijon/20090902/asturias/cultura-nombra-gerente-recrea-20090902.html Páxina consultada'l 25/7/11.

La Nueva España:

⅄ CAAMAÑO, ANTÓN (2004). *¿Cómo que no es necesario el teatro arango para Xixón?* Diariu La Nueva España. 6/07/2004. Uviéu: ed. Prensa Ibérica.

⅄ CAAMAÑO, ANTÓN. (2007). *Cantata asturiana en La Laboral*. Diariu La Nueva España, 20/10/2007. Uviéu: Ed. Prensa ibérica.

⅄ CABRANES, ANGEL (2010). *Telón en tela de juicio.* Diariu La Nueva España. 3/6/2010. Uviéu: Ed. Prensa Ibérica. Pue atopase en http://www.lne.es/gijon/2010/06/03/gijon-telon-tela-juicio/924096.html. Páxina consultada'l 4/8/11

⅄ ORDÓÑEZ, JOSE A. (2011). *La FSA opina que el regionalismo de Cascos es una «coartada de distracción» electoral.* Diariu La Nueva España. 19/7/11. Uviéu: Ed Prensa Ibérica. Pue atopase en http://www.lne.es/asturias/2011/07/19/asturias-opina-regionalismo-cascos-coartada-distraccion- electoral/1104557.html

⅄ MARQUÉS, M. S. (2010) *Halladas en el búnker de la Campa Torres más de 20.000 piezas de las excavaciones.* Diariu La Nueva España, secc. Sociedá. 21/4/10. Uviéu: Ed. Prensa Ibérica. Pue atopase l'artículu en http://www.lne.es/sociedad-cultura/2010/04/21/halladas-bunker-campa-torres-20000-piezas-excavaciones/903928.html

⅄ REDACCIÓN (2007) *Gutiérrez Granda cree que Fernández León rectificará sus planes para la Laboral.* Diariu La Nueva España. Secc Xixón. 23/9/07. Uviéu: Ed. Prensa Ibérica. Pue atopase na web http://www.lne.es/gijon/1769/gutierrez-granda-cree-fernandez-leon-rectificara-planes-laboral/560070.html . Páxina consultada'l 25/7/11

⅄ SALINAS, JOSE LUIS (2011) *La emigración laboral vuelve a crecer en Asturias tras cuatro años de retroceso.* Diariu La Nueva España, secc. Economía. 14/7/11. Uviéu: Ed. Prensa Ibérica. Pue atopase en http://www.lne.es/economia/2011/07/14/economia-emigracion-laboral-vuelve-crecer-asturias-cuatro- retroceso/1102448.html.

⅄ VALLE, R. (2011) *Los tres líderes de la oposición municipal dan el «sí» a la continuidad de la «Semana» en Gijón.* Diariu La Nueva España. 2/8/11. Uviéu: Ed. Prensa Iberica. Pue atopase en: http://www.lne.es/gijon/2011/08/02/tres-lideres-oposicion-municipal-dan-continuidad-semana- gijon/1110405.html

La Voz de Asturias

⅄ ALLENDE. F. (2011) *El Principado deja el Niemeyer en manos de Cascos.* Diariu La Voz de Asturias, Secc. Avilés. 13/7/11. Uviéu: La Voz de Asturias. Pue atopase en http://www.lavozdeasturias.es/asturias/aviles/Principado-deja-Niemeyer-manos-Cascos_0_516548384.html . Páxina consultada'l 5/8/11

⅄   GARCÍA, BLANCA M. (2009). *El Principado "suspende" en innovación cultural.* Diario La Voz de Asturias. Secc Cultura/Espectáculos. 24/4/2009. Uviéu: La Voz de Asturias. Pue atopase l'artículu en http://archivo.lavozdeasturias.es/html/488891.html. Páxina consultada'l 4/8/11.

Otros Artículos :

⅄   *Asturias se promocionará como 'parque temático cultural' con once nuevos destinos en FITUR* http://terranoticias.terra.es/articulo/html/av2442982.htm. Páxina consultada'l 24/7/11. Y tamién pue atopase en http://www.skyscrapercity.com/showthread.php?t=244543 , (declaraciones d'Ana Rosa Migoya, en 2004)

⅄   *Areces destaca en la inauguración de la Escuela Superior de Arte Dramático de Asturias que es 'la mejor de España',* Europa Press-Xixón, 16/1/2007. Pue atopase en http://www.lukor.com/television/noticias/portada/07011625.htm sobre la inaguración de la ESAD por parte del entós Presidente del Principáu Vicente Álvarez Areces. Páxina consultada'l 24/7/11.

WEBS CONSULTAES

⅄ CAAMAÑO VEGA, ANTÓN: www.antoncaamaño.net

⅄ CAAMAÑO VEGA, ANTÓN: Blogue "La cueva'l Guirriu Antón". http://antoncaamanho.nireblog.com

⅄ CONCEYU DE XIXÓN: www.gijon.es

⅄ CULTURA Y OCIO. Clúster del ociu n'Asturies www.aeiculturayocioasturias.com

⅄ GENERALITAT DE CATALUNYA: www.gencat.es

⅄ I.N.A.E.M. http://wwwinaem.mcu.es

⅄ INSTITUTU DEL TEATRU INTERNACIONAL (ITI): http://iti-worldwide.org. Páxina consultada'l 20/7/11.

⅄ PRINCIPÁU D'ASTURIES www.asturias.es. Consultada'l 25/7/11.

⅄ REDE NACIONAL DE TEATROS www.redescena.net. Páxina consultada'l 21/7/11.

⅄ REDE DE TEATROS ALTERNATIVOS: www.redteatrosaltenativos.org. Páxina consultada'l 21/7/11

U.N.E.S.C.O.:

⅄ http://www.unesco.org/new/es/unesco/about-us/who-we-are/introducing-unesco/ Páxinaconsultada'l 20/7/11

⅄ http://www.unesco.org/culture/languages-atlas/index.php?hl=es&page=atlasmap. Páxina consultada'l 20/7/11.

⅄ http://portal.unesco.org/es/ev.php-URL_ID=13138&URL_DO=DO_TOPIC&URL_SECTION=201.html . Páxina consultada'l20/7/11.

⅄ URL_ID=13140&URL_DO=DO_TOPIC&URL_SECTION=201.html. Páxina consultada'l 20/7/11.

VILLA, ANGEL. Blogue d'Angel Villa

⅄ http://portal.unesco.org/es/ev.php--villa.blogspot.es/1299417120/. Páxina consultada'l 24/7/11.

OTRA DOCUMENTACIÓN:

⅄ II Plan Estratéxicu de Xixón. Pue atopase en
http://www.gijon.eu/Contenido.aspx?id=22560&area=101&leng=es

⅄ Diagnósticu Internu y externu de la Ciudá de Xixón. Pue atopase en
http://www.gijon.eu/Contenido.aspx?id=22560&area=101&leng=es.

⅄ Llibru Blanco de les Industries Culturales de Catalunya. Testu disponible en
http://www.gencat.cat

Por cortesía de la Unión d'Actores d'Asturies:

⅄ ACPTA. (1990) Informe sobre la problemática teatral asturiana

⅄ ACPTA (1990). 20 preguntas de la Asociación de Compañías Profesionales
de Teatro de Asturias al Consejero de Cultura.

⅄ CAAMAÑO VEGA, ANTÓN – UNIÓN D'ACTORES D'ASTURIES (2000) Testu
Discursu I Gala del Teatru 2000, Teatru de La Felguera.

⅄ CAAMAÑO VEGA, ANTÓN – UNIÓN D'ACTORES D'ASTURIES (2001). Testu
Discursu II Gala del Teatru 2001, Teatru de La Felguera.

⅄ CAAMAÑO VEGA, ANTÓN – UNIÓN D'ACTORES D'ASTURIES (2002 y 2003)
Comunicaos del Día Mundial del Teatru.

⅄ UNIÓN D'ACTORES D'ASTURIES. (1993) Informe sobre la politica teatral en
Asturias.

www.ingramcontent.com/pod-product-compliance
Lightning Source LLC
Chambersburg PA
CBHW051457170526
45166CB00001B/278